그래서 지금
행동심리학이 필요합니다

그래서 지금

행동심리학이

필요합니다

팬덤북스

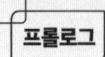

무능하고 우유부단하고 답답한 당신을 어떻게 바꿀 것인가?

사람의 마음을 움직이는 치밀한 심리 전략

사람들은 서로 엇비슷해 보이지만, 각자는 다양한 문제들을 안고 살아간다. 집에서는 가족끼리 성격 차이로 마찰을 빚기도 하고, 집 밖을 나서면 다른 사람과 이해 관계에서 생기는 문제와 매일 부딪친다. 특히 하루 24시간 가운데 절반 이상을 보내는 회사 내의 직장 동료들과의 관계에서 생기는 문제는 사람을 더욱 힘들게 한다. 이처럼 사회의 한 구성원으로 살아가는 우리의 일상은 쉼 없이 문제에 노출되어 있다.

그럼에도 어떤 사람은 사는 일이 순조롭고, 어떤 사람은 하는 일마다 벽에 부딪힌다. 또 어떤 사람은 언제나 즐겁고, 어떤 사람은 근심이 늘 떠나지 않는다. 같은 상황과 처지에도 사람들이 대처하는 방법은 천차만별이다. 이러한 제각각의 대응 방식을 이해할 수 있는 동인은 무엇일까? 해답은 사람의 심리에 있다. 오늘날 많은 사람이 심리학에 흥미를 느끼면서, 그것을 통해 현실의 상황을 분석하고 적용해보려 애쓴다. 일상 생활에서 우리들이 하는 행위 하나, 말 한마디는 모두 심리 상태와 심리 활동의 결과물이다. 단지 우리들이 순간순간 느끼지 못할 뿐이다.

화를 내는 것은 심리 활동이며 의기양양한 것은 심리 상태다. 사람의 인품이 나쁘고 사고가 소극적이라면, 이것 역시 심리학의 관점에서 연구된다. 우리가 심리학을 잘 이용해 자기를 관리한다면 지금보다 훨씬 더 행복해지고 의미 있는 삶을 살 수 있다. 공부와 일에서 성취감을 맛보며 타인과 친근하게 공존 할 수 있다.

심리학은 역사가 깊은 학문이다. 심리학은 행동을 지배하는 마음의 비밀을 밝히는 학문이다. 또한 우리 자신이 무엇인가라는 존재를 일깨워주는 학문이다. 그만큼 우리의 마음을 우리도 제대로 알지 못하기에 우리는 심리학에 의존하여 설명하려 한다. 그리스 철학자 소크라테스가 일찍이 우리에게 경고했다. "너 자신을 알라"고. 사실 이 문제는 인류의 영원한 주제이기도 하다. 사람은 심리의 지배에 따라 각종 행동을 한다.

한고조 유방은 "사람의 마음을 얻으면 천하를 얻는 것과 같다"라고 했다. 노자는 "타인을 아는 자는 현명하고, 자신을 아는 자는 강하다"라고 했다. 자신과 타인을 이해하면 할수록 일상 생활을 제대로 파악할 수 있게 된다. 이때가 성공과 행복이 다가오는 시점이다. 심리학이 의미 있는 이유가 여기 있다.

심리학은 사람들로 하여금 자신을 이해하게 하며 인생을 통찰하게 한다. 이 또한 우리가 하는 일련의 행위들을 해석하는 실용 과학이다. 사람의 심리는 변화무쌍해서, 우리는 종종 심리 현상은 복잡하고 기묘한 영역이라고 단정한다. 하지만 많은 실험 결과를 통한 결론은 사람의 심리 활동이 일정한 규칙성을 띠고 있다는 것이다.

사실 사람들은 다양한 심리 현상에 매우 익숙해서, 혹은 과학적인 이해의 결여 때문에 심리 현상을 신비하게만 느낀다. 그렇지만 사람의 심리를 결정하는 규칙성을 안다면 자신은 물론 타인의 심리를 이해하고 활용할 수 있게 된다. 일반인이 볼 때 심리학은 여전히 엄숙하고 오묘하며, 심리학의 용어들은 난해하기만 하다. 오묘하면서 난해한 이론이 가득한 심리학이 최근 들어 경영학에 새로운 대안을 제시해주고 있다. 이 책은 관리자의 노하우를 심리학에서 찾고 있다. 특히 이윤 극대화라는 기업 목표를 달성하기 위한 조직 관리에 주목하고 있다. 왜냐하면 모든 일의 성패는 결국 사람 관리를 어떻게 하느냐에 달려 있기 때문이다. 그런 점에서 이 책은 사람의 마음을 읽어내고, 그 마음을 움직여 행동으로 옮기게 하고, 그런 행동을 통해서 좋은 결과물을 내는 비법을 심리학에서 찾는다. 우유부단하고 굼뜬 조직을 생동감 있고 치밀하게 행동으로 옮기는 정예 부대로 만드는 심리 법칙은 과연 무엇일까?

1장

매력 심리학
강요하지 않으면서 마음을 움직이게 하는 힘

4장

조직건설 심리학
최고의 팀워크를 만드는 비밀

5장

인사 심리학
적재적소에 사람을 배치하는 방법

6장
유능한 관리자가 갖춰야 할
5가지 심리 자질

1장

매력 심리학

강요하지 않으면서
마음을 움직이게 하는 힘

사소한 행동 하나로
- - - - - - - - - - - - - - - -
결정적인 변화를
- - - - - - - - - - - - - - - -
만들어내는 행동심리학
- - - - - - - - - - - - - - - -

따뜻함이 차가움을 이긴다.
남풍의 법칙

남풍 법칙은 라퐁텐의 우화에서 비롯되었다. 북풍은 강한 바람으로 외투를 벗기려 했지만, 그럴수록 행인은 더욱 옷을 여몄다. 반면 남풍은 행인의 몸을 따뜻하게 해 스스로 외투를 벗도록 만들었다. 사람의 마음도 이와 같다. 차갑고 강한 명령보다는 따뜻하고 살가운 말 한마디에 꽁꽁 닫았던 마음의 문을 여는 것이다.

기업에서도 마찬가지다. 관리자가 직원들을 존중하고 관심을 가져야 스스로 행동한다. 남풍 법칙을 아는 관리자는 언제나 사람을 중심으로 일을 처리하며, 인정을 베풀고, 부하 직원들의 어려움에 관심을 기울인다. 관리자에게서 따뜻함을 느낀 직원들은 감사하는 마음으로 회사를 위해 더 열심히 일할 것이고, 회사의 이익을 도모하려 애쓸 것이다.

일본 기업들이 사용한 남풍 법칙이 가장 이목을 끄는데, 일본의 모든 기업들은 직원 관리에 인정이나 감정의 요인들을 중시하고 있다. 회사는 직원들에게 마치 가정과 같은 감정적 위안을 주었다. 일본의 유명한 기업가 미츠카와 미베는 "내 경영 관리의 최대 노하우는 업무를 오락화시키고 직장을 가정화시킨데 있다"고 자랑스럽게 말한다. 소니의 창업자 모리타 아키오도 "가족과 같은 감정적 유대를 회사 내에서 창출하는 것이 중요하다"고 말한다.

일본의 기업 내부 관리제도는 아주 엄격하다. 하지만 일본 기업가는 기업 관리에는 유연함과 강함이 병행되어야 한다는 것을 잘 알고 있다. 그들은 강력하게 기업 관리제도를 시행함과 동시에 직원들을 최대한 존중하고, 직원들에게 관심을 기울이는 것을 잊지 않는다. 회사는 직원들의 생일을 기억하고 집안 대소사에 관심을 가져서, 직원뿐 아니라 직원의 가족들도 회사라는 대가족의 따뜻함을 느끼게 한다.

또한 회사는 직원의 성장과 인격적 완성을 전폭적으로 지원한다. 직원들에게 회사는 단순히 월급을 받는 곳이 아니라, 자신의 욕구를 만족시키는 따뜻한 가정이다. 경영자와 직원들은 이익 공동체이기도 하지만, 감정 공동체이기도 한 것이다. 이런 방식들을 통해 일본 기업들은 직원들의 높은 충성도를 유지한다.

다른 일본 기업과 마찬가지로 파나소닉도 직원들을 존중하기로 유명하다. 파나소닉은 언제나 직원들의 이익을 고려하고, 직원들에게 업무의 기쁨과 정신의 만족을 주려 노력한다. 1930년대 초 세계 경제는 불황이었고 일본 경제도 큰 혼란에 빠졌다. 대부분의 공장들이 감원과 임금 삭감을 시행했다. 생산량을 줄여 자신들의 공장을 보호하기에 바빴다. 그럼에도 재고들이 쌓여만 갔고 자금 유통도 원활하지 않았다.

이런 상황에서 파나소닉의 마쓰시다 고노스케 회장은 다른 공장들처럼 하지 않고 결연히 다른 결정을 내렸다. '직원들을 한 명도 감원해서는 안 되며, 지금부터 반일제 생산을 시행한다. 임금은 일당제로 바꾸어 지급한다. 그와 동시에 직원들은 자투리 시간을 이용해 재고품들을 판다.'

파나소닉 경영진의 결정은 직원들의 전폭적인 호응을 얻었고, 직원들은 재고품 판매에 열의를 보였다. 3개월도 채 지나지 않아 재고품은 모두 다 팔렸고, 파나소닉은 난관을 순조롭게 극복할 수 있었다. 파나소닉은 몇 번의 경영 위기를 겪었지만, 마쓰시다 고노스케는 자신의 경영 철학을 잊지 않았다.

마쓰시다 고노스케의 경영 철학은 제2차 세계대전이 끝난 후 그 빛을 발했다. 전쟁이 끝난 후 미군정은 전쟁에 협조했던 재벌들을 엄징하는 법령을 공포했다. 파나소닉도 이 명단에 올랐다. 곧 파산할 운명에 처했을 때 생각지도 못했던 일이 발생했다. 파나소닉 노조와 전국파나소닉대리점연합회가 손을 잡고 청원 운동을 펼친 것이다. 청원 운동에 참가한 사람만 해도 수만 명에 달했다. 당시 처벌 대상에 올랐던 많은 일본 기업들은 대부분 노조 관리하에 있었는데, 이렇게 노조가 적극적으로 회사를 옹호한 건 처음이었다.

밀려드는 시위대를 보면서, 미군정 당국은 파나소닉 문제를 다시 재고할 수밖에 없었다. 다음 해 5월 파나소닉은 처벌 대상자 명단에서 제외되었고, 절체절명의 위기에서 벗어날 수 있었다. 마쓰시다 고노스케의 사람을 위한 경영, 진원을 존중하고 보호하는 경영 이념은 자신이 절박한 사정에 처했을 때 새로운 길을 열어줬던 것이다.

사람의 마음을 얻는 자는 강한 사람이 아니라 따뜻한 사람이다. 사람의 마음을 얻는 자는 천하를 얻는다. 직원의 마음을 사로잡는 그때, 직원들은 회사의 발전을 위해 충성을 바쳐 일한다.

키포인트

충성심은 강요되는 상황에서는 절대로 생기지 않는다. 그것은 마음의 자연스러운 발로다. 인정을 베풀면 직원들의 충성심은 자연스럽게 길러진다. 이것이 있으면 기업은 어떤 경쟁에서도 승리한다.

잘못을 인정하는 것은 위대한 일이다
테리 법칙

사람은 신이 아니다. 누구나 결점이 있기 마련이며, 누구나 잘못을 저지를 수 있다. 잘못을 저지르면 그것을 숨기고 싶은 생각이 드는 것은 당연하다. 잘못에 대한 책임을 회피하고 싶고, 체면이 손상될까 두렵기 때문이다. 그러나 잘못을 숨길 때보다 솔직하게 인정할 때 얻을 수 있는 것이 훨씬 많다.

스스로 잘못을 인정하면 다른 사람의 지적을 받았을 때보다 이해와 용서를 구하기도 쉽다. 문제가 발생하면 우선 해결할 방법을 찾아야지, 다른 핑계거리들을 찾으면 발전은 없다. 프랑스 사상가 콩트는 잘못은 행복을 찾기 위한 절호의 기회라고 생각했다. '결점을 고칠 때와 잘못을 통해서 깨달음을 얻을 때가 인간이 가장 행복한 때'라는 것이다. 미국 테네시 은행의 테리 전 회장은 '자신의 잘못을 인정하는 것은 가장 큰 힘의 원천'이라고 하였다. 이 법칙은 이후 '데리 법칙'이라 불린다.

자신의 잘못을 인정하고 정확하게 바라본다면, 우리는 의외로 더 많은 것들을 얻을 수 있다.

부하 직원이 상사를 평가할 때 상사가 책임감이 있는지, 잘못을 시인하는 용기를 가지고 있는지를 볼 때가 많다. 만약 상사가 이런 자질을 가지고 있다면, 부하 직원은 심리적 안정감을 얻을 뿐 아니라, 자신의 잘못에 대해서 반성하는 태도를 갖게 된다. 책임감 있는 부하를 원한다면 상사가 먼저 자신의 잘못을 인정해야 하는 것이다.

뉴멕시코 주 앨버커키 시의 브루스 하웨이는 휴가를 낸 직원의 월급을 잘못 계산하는 바람에 더 많은 돈을 지급했다. 그는 자신의 잘못을 안 뒤, 직원에게 상황을 설명하고 다음 달 월급에서 추가 지급분을 빼겠다고 얘기했다. 그러나 그 직원은 지금은 경제적으로 어려우니까 분기를 나눠 월급에서 제했으면 좋겠다고 했다. 이렇게 되면 하웨이는 상급자의 결재를 받아야 하고, 사장이 알게 되면 화를 낼 것은 뻔했다. 어떻게 할까 고민하던 하웨이는 사장에게 자신의 잘못을 솔직히 시인하기로 했다. 모든 잘못이 자신에게서 비롯되었음을 인정한 것이다.

사장은 하웨이의 설명을 듣고 화를 냈지만, 잘못에 대한 문

책은 없었다. 오히려 하웨이를 더 신임하게 되었다. 하웨이는 용감하게 자신의 잘못을 인정함으로써 사장의 신임을 얻을 수 있었다. 자신의 잘못을 인정하면 죄책감을 없애고 자신을 더 잘 보호할 수 있다. 게다가 자신이 행한 잘못을 바로잡는 데 큰 도움이 된다.

자신의 잘못과 실패를 인정하는 것은 기업 생존의 원칙이기도 하다. 시장은 언제나 살벌하고 긴장감이 감돈다. 실패를 빨리 인정하면 기업은 더 큰 손실을 피할 수 있다. 또 실패를 통해 전략을 수정해 다시 시장 탈환을 꿈꿀 수도 있다. 100여 년의 역사를 지닌 세계 굴지의 기업들을 보면 실패를 겪지 않은 기업이 없다. 그들이 100여 년을 이어올 수 있었던 것은 실패를 인정하고, 그것을 딛고 일어섰기 때문이다.

2001년에 월마트는 처음으로 세계 500대 기업 안에 들었다. 그러나 2003년 독일의 《한델스 브라트》는 '세계 최대의 이 대형 마트는 독일 시장에서 4년만에 참패했다'고 보도했다. 1억 달러를 손해 봤을 뿐만 아니라, 투명하지 못한 재정은 독일 법률의 감시망을 벗어나지 못했다. 월마트 측은 2001년과 2002년의 재무 상황을 공개하지 않을 수 없었다. 월마트는 독일에만도 17만 명의 직원을 두고 있었으며, 95개의 분점이 있었다. 월마트는 실패에 좌절하지 않고 자신들의 문제를 시인하고 새로운 전열을 가다듬었다. 독일 시장에 다시 한 번 도전했고, 결국 성공을 거뒀다.

KFC는 성공한 기업이다. 하지만 KFC가 홍콩에 처음 진출하였을 때 겪었던 참혹한 실패를 아는 사람은 의외로 적다. 1973년 KFC는 홍콩 시장을 겨냥하고 그해 6월에 홍콩 1호점을 열었고, 1974년에는 11호점까지 열었다. 대대적인 광고와 KFC만의 독특한 조리법은 고객들의 구미를 끌어당겼다. KFC의 앞날은 아주 밝은 듯 보였다.

그러다 1974년 9월 KFC의 많은 분점들이 영업 정지를 선언했고, 1975년에는 홍콩에 진출했던 모든 KFC 분점들이 사업 철회를 선언했다. KFC는 경솔한 홍콩 진출 전략이 실패임을 인정했다. 이것은 실패라기보다는 성공하지 못했다고 하는 편이 옳을 것이다. 홍콩 시장에서는 실패했지만, KFC는 오늘날 오랜 역사를 가진 대표적 패스트푸드 기업이 되었다.

잘못을 인정하고 거기서 교훈을 얻어라. 그래야 새로운 마음가짐으로 치열한 경쟁과 도전을 받아들일 수 있다.

키포인트

부하 직원은 일을 잘못할까 늘 걱정스럽다. 어떨 때는 심혈을 기울었음에도 일이 잘못된다. 이럴 때 상사가 '주된 책임은 나에게 있다'고 인정해보자, 그러면 부하 직원에게 어떤 마음이 들겠는가?

03

열정이 없는 삶은 곧 생명이 없는 삶이다

열정 법칙

살마는 남편 마자와 함께 사막의 육군 부대에 있었다. 어느 날 남편은 전지 훈련을 위해 부대를 떠났고, 그녀는 혼자 관사에 남아 있었다. 그녀 주위에는 영어를 할 줄 모르는 현지인들뿐이었다. 섭씨 50도가 넘는 날씨와 말 상대가 아무도 없는 외로움이 그녀를 괴롭혔다. 도저히 견딜 수 없었던 그녀는 부모님께 집으로 돌아가고 싶다는 내용의 편지를 썼다. 그런데 아버지에게서 받은 답장으로 인해 그녀의 인생은 송두리째 바뀌게 되었다. 답장은 단 두 줄뿐이었다.

"두 사람의 죄수가 감옥 철창으로 밖을 바라보았다. 한 사람은 진흙길을 보았지만, 한 사람은 하늘의 별을 보았다."

살마는 편지를 읽고는 몹시 부끄러워졌다. 그리고 사막 속에서 별을 보리라 결심했다. 살마는 먼저 현지인들과 친구가 되기 위해 노력했다. 현지인들은 그런 살마의 행동을 놀랍고 신기하게 여겼다. 현지인들과 친구가 되자, 그들이 만든 방직물이나 도자기에도 관심을 갖게 되었다. 현지인들은 아까워서 관광객들에게 팔지 않았던 물건들을 '친구'에게 선물했다.

살마는 사막의 환경에도 관심을 기울였다. 희귀한 선인장을 비롯해 사막의 각종 식물을 연구했다. 사막의 동물 타르바간**다람쥐과의 포유류**에 대한 지식도 얻게 되었다. 사막의 일몰을 보았고, 바다고등 껍데기를 찾아다니기도 했다.

태도를 바꾸자 지옥 같은 사막이 흥미로움의 보고로 바뀌었다. 사막은 변하지 않았다. 무엇이 사막을 보는 살마의 눈을 변하게 했는가? 그것은 그녀의 마음가짐이다. 삶에 대한 열정이다. 다시 타오른 삶에 대한 열정은 열악했던 환경을 아주 의미 있는 모험으로 바꾸었다. 그녀는 자신의 이야기를 《즐거운 성곽》이라는 제목의 책으로 발간하기에 이르렀다.

열정을 잃어버린 사람은 나이와 상관없이 늙은 사람이다. 열정이 있는 사람은 나이가 많아도 청춘이다. 성공한 사람들은 열정적이고 적극적이다. 만약 어떤 사람이 적극적이고 낙천적으로 인생을 대하고, 도전과 난관을 긍정적인 태도로 받아들인다면, 그는 절반의 성공을 거둔 것과 다름없다.

맥도널드의 창업주인 레이 크록의 이야기는 좋은 실례가

될 것이다.

레이 크록이 출생할 당시 큰 부자가 될 수 있는 기회는 많지 않았다. 골드러시도 끝났고, 대학을 입학할 때는 대공황의 시대였다. 냉엄한 현실은 그가 대학을 포기하고 부동산 사업에 뛰어들게 했다. 부동산 사업이 모양새를 갖춰갈 무렵 제2차 세계대전이 발발했다. 집값은 급속도로 하락했고, 레이 크록에게는 아무것도 남아 있지 않았다. 이후 그는 구급차 운전사, 피아노 연주자, 믹서기 영업사원 등 여러 직업을 전전했지만 하나도 제대로 되지 않았다.

그럼에도 레이 크록은 열정으로 불탔고 의기소침해지지도 않았다. 1955년, 객지에서 반평생을 떠돌던 그는 빈손으로 고향에 돌아왔다. 그는 자기 몫의 작은 유산을 처분한 후 장사를 시작했다. 당시에 디크 맥도널드와 마이크 맥도널드가 열었던 자동차 식당이 장사가 잘되었다. 레이 크록은 시장 조사를 거쳐 이런 종류의 장사가 전망이 좋다고 판단했다.

그때 그의 나이는 이미 52살이었다. 다른 사람들은 퇴직을 결심할 나이에 레이 크록은 밑바닥부터 시작하기로 결심했다. 그는 자동차 식당에서 아르바이트를 하며 햄버거 만드는 것을 익혔다. 그후 270만 달러의 빚을 얻어 맥도널드 형제의 식당을 인수했다. 그 이후의 결과가 어떻게 되었는지는 우리 모두가 잘 아는 사실이다. 오늘날 맥도널드는 전 지구적인 브랜드가 되었다. 52살의 나이에 열정 하나로 시작한 사업으로 레이 크록은 '햄버거 왕'이 되었다.

우리의 일상 속에는 어려움이 도처에 깔려 있다. 문제는 그것을 어떤 마음가짐으로 대하느냐이다. 성공한 사람과 실패한 사람의 차이는 간단하다. 성공한 사람은 적극적인 마음과 뜨거운 열정을 가지고 있다. 레이 크록이 열정을 가지고 있었기에 그의 운명이 그토록 빛날 수 있었던 것처럼 말이다.

당신의 마음가짐이 자기 인생에서 말이 될 것인지, 기수가 될 것 인지를 결정한다. 적극적인 마음은 늘 힘으로 충만하고, 재력과 성공과 행복과 건강을 가져다준다. 반면 소극적인 마음은 당신 생활 속에서 의미가 있는 것들을 모두 앗아가 버린다. 인생 항해 속에서 당신은 계속 뱃멀미를 할 수밖에 없으며, 미래에 대해서는 실망만 느낄 뿐이다. 꽁꽁 얼어 있는 성공의 문은 뜨거운 열정을 가진 사람에게만 길을 내준다는 사실을 기억하라.

키포인트

사람들 사이에는 작은 차이만 존재한다. 하지만 아주 조그마한 차이가 엄청난 차이를 초래한다! 작은 차이란 바로 적극적인 마음을 가지고 있느냐, 소극적인 마음을 가지고 있느냐이다. 열정이 없는 삶은 곧 실패하는 삶이다.

1장 • 매력 심리학

시작이 있으면 끝이 있다
자이가르니크 효과

늦잠자기를 좋아하는 작곡가 남편이 있었다. 아내는 아침마다 남편을 흔들어 깨웠지만 남편은 침대에서 나오지 않았다. 매번 일찍 깨우기에 실패한 아내는 새로운 방법을 썼다. 피아노를 칠 줄 알았던 아내는 어떤 곡의 앞부분만 연주했다. 남편은 잠을 자는 와중에도 미완성 연주를 견딜 수 없었다. 결국 남편은 침대에서 일어나 미완성 연주를 완성시켜야 직성이 풀렸고, 그 사이에 잠은 달아났다.

사람은 누구나 어떤 일을 시작하면 끝을 보려는 속성을 가지고 있다. 만약 편지를 반밖에 쓰지 못했는데 갑자기 볼펜이 안 나온다면, 당신은 옆에 있는 아무 펜이나 집어 쓸 것이다. 기왕이면 같은 색깔의 볼펜을 찾으려고 할 것이다. 탐정 소설에 깊이 빠진 사람은 내일 중요한 회의가 있음에도 새벽 4시까지 잠을 자지 않고 다 읽고야 만다.

1927년에 심리학자 자이가르니크는 138명의 아이들을 두 조로 나누어 심리 실험을 했다. 아이들 중 반은 어떤 일을 완성하게 했고, 나머지 반은 중간에 그만두게 했다. 한 시간 후 그 일에 대한 기억을 테스트한 결과, 일을 완성한 아이들보다 완성하지 못한 아이들이 더 잘 기억하고 있다는 것을 발견했다. 사람들은 이미 끝낸 일은 쉽게 잊어 버린다. 왜냐하면 끝내고자 하는 욕구를 이미 만족시켰기 때문이다. 만약에 일을 끝내지 못했다면 충족되지 않은 동기가 강한 인상을 남긴다. 이것을 우리는 '자이가르니크 효과'라 부른다.

대부분의 사람들에게 자이가르니크 효과는 일을 완성시키고자 하는 중요한 원동력을 제공한다. 하지만 실패가 두려워 일을 하다가 중간에 그만두는 사람이 있다. 그는 일을 완성하지 않음으로써 결과에 대한 비판을 면하려 한다. 마찬가지로 영원히 학생으로 머물고 싶어 졸업을 미루는 사람도 있다. 학생으로 남아 있으면 사회로 나가서 일할 필요가 없기 때문이다. 이런 사람들은 무의식 중에 자신이 실패할 것이라고 생각한다. 이들이 성공할 확률은 거의 없다. 실패를 두려워한다는 것은 곧 성공을 피하는 것과 같기 때문이다.

타이크 박사는 이런 심리를 가진 사람들을 위해 하나의 해결책을 제시했다. 만약 당신이 집중할 수 있는 최대한의 시간이 10분이라고 하자. 당신은 1시간 안에 당신의 일을 완성해야 한다. 10분이 지나면 당신의 머릿속은 산만해지기 시작하고, 몸은 당신이 쉴 것을 요구한다. 이때 당신은 3분 동안 근육들을 쉬게 해줄 필요가 있다. 가령 가볍게 뛰어본다거나, 가서 물 한 잔을 따라 먹는다거나, 근육 운동을 해 본다거나 하는 것들이다.

일을 끝내는 것을 두려워하는 것도 문제지만, 끝내지 않고는 배기지 못하는 사람들에게도 문제는 있다. 그들은 승부욕이 너무 강해서 무미건조하고 긴장된 삶을 산다. 한번 시작한 일을 반드시 마쳐야 하는 일중독자들은 중도에 그만두는 것을 끔찍이 싫어한다. 흥미가 집착으로 바뀌면 위험 신호다. 강력한 완성욕은 당신의 휴식 시간조차 저당잡히게 만든다. 일을 하면서 인생도 즐길 수 있으려면 자신의 강한 승부욕을 누그러뜨릴 필요가 있다.

일을 했다 하면 끝장을 봐야 하는 워커홀릭은 주말에 과감하게 사무실을 벗어나 보자. 자신의 능력에 대한 의심, 업무에 따른 긴장감 등에 적절히 대처하지 못하는 워커홀릭으로서 자신의 문제를 곰곰이 생각해 보는 것도 필요하다.

어떻게 하면 고삐 풀린 말 같은 완성욕을 제어할 수 있을까?

첫째, 사물을 볼 때 가치관의 기준을 잘 세워라. 어떤 일이

할 만한 가치가 없을 때는 과감하게 포기하라.

둘째, 시간표를 작성하라. 반드시 해야 할 일과 들여야 할 시간을 적어라. 현실 감각을 기르도록 노력하며, 마감 기한보다 앞당겨서 일을 끝내는 습관을 길러 보자. 가령 12월 1일에 결제해야 할 돈이 있으면 11월 25일에 결제하도록 계획을 세워라.

셋째, 의지력을 키워라. 작은 일부터 훈련하는 것이 좋다. 개수대 안의 그릇들을 당장 안 씻고 내버려 두거나, 재미있게 읽고 있는 책을 중단해보라. 그리고 자신에게 반문해 보라. 지금 내가 시간과 정력을 지나치게 낭비하고 있는 것은 아닌지.

키포인트

사람들이 완성했던 일을 잊어버리는 이유는 이미 욕구가 실현되었기 때문이다. 일을 완성시키지 못했다면 그 일은 계속해서 당신의 마음에 남아 있을 것이다.

간절한 기대는 현실이 된다
피그말리온 효과

피그말리온은 고대 그리스 신화에 나오는 키프로스의 국왕이다. 성격이 괴팍했던 피그말리온은 혼자 살고 있었다. 어느 날 자신이 평소에 꿈꾸던 이상형의 여인상을 상아에 조각했는데, 그만 그 조각을 사랑하게 되었다. 피그말리온은 아프로디테에게 조각상에 생명을 불어넣어 달라고 기도했고, 아프로디테는 그의 간절함에 감동받아 조각상의 여인을 사람으로 만들어 주었다. 피그말리온은 그녀를 갈리테이아라고 이름 짓고 아내로 삼았다.

미국의 유명한 심리학자 로젠탈과 20년 이상 초등학교 교장을 지낸 제이콥슨은 한 학교에서 재미있는 실험을 했다. 학생들을 대상으로 지능 검사를 한 후, 검사와 상관없이 임의로 한 반에서 20%의 아이들을 뽑았다. 그들은 아이들의 명단을 알려주면서 지적 능력이 뛰어난 아이들이라고 거짓말을 했다.

이상한 일은 학기말에 발생했다. 놀랍게도 임의로 뽑힌 학생들의 성적이 다른 학생들보다 월등히 높았다. 이것은 교사의 기대감 때문이었다. 교사는 그 학생들이 우수하다고 생각했기 때문에 높은 관심을 가지고 '너는 참 똑똑해'라는 암시를 끊임없이 보냈다. 교사들의 관심과 암시는 학생들이 더 노력하도록 만들었다.

로젠탈은 이러한 현상을 '피그말리온 효과'라고 불렀다. 피그말리온 효과를 이용하면 사람을 긍정적으로 변화시킬 수 있다. 긍정적 기대가 긍정적 변화를 유발하는 것이다. 꼼꼼하다, 성실하다, 치밀하다 등의 기대를 내비치면 사람들은 기대에 부응하기 위해 노력한다. 긍정적이든 부정적이든, 지속적인 기대는 사람을 그 기대대로 변화시킨다.

기업 관리도 마찬가지다. 총명한 관리자는 피그말리온 효과를 이용하여 직원들의 능력을 끌어내 놀랄 만한 성과를 거둔다. 피그말리온 효과는 관리자가 직원들에게 신임도와 기대치를 보내는 구실을 할 뿐 아니라, 조직의 협동 정신을 기르는 데도 아주 적합하다.

경영의 신이라고 불리는 마쓰시다 고노스케도 피그말리온 효과를 잘 이용한 사람에 속한다. 그는 간부는 물론 신입 사원에게도 직접 전화를 걸었다. 전화의 내용은 업무적으로 중요한 것이 아니었다. 최근의 근황을 묻는 것이 전부였다. 통화를 끝내기 전 마쓰시다는 이렇게 말했다.

"그래, 아주 좋아. 계속 노력하길 바라네."

단순한 말이지만 기업 총재의 전화를 받은 직원들에게는 결코 단순하지 않았다. 자신이 관심과 존중을 받고 있다고 느끼고 더 분발했다. 인간은 자신의 능력 중 30%밖에 사용하지 않는다고 한다. 마쓰시다는 '아주 좋아'라는 말로 직원들의 나머지 잠재력 70%를 이끌어냈던 것이다.

부하 직원이 실책을 했을 때 격려를 하는 것은 정말 중요하다. 미국의 석유왕 록펠러는 비서의 실책으로 당시 진행되고 있던 남미 투자에서 40%의 손실을 입었다. 비서는 비판받을 각오를 하고 있었는데, 록펠러는 오히려 그의 어깨를 두드리면서 말했다.

"자네 업무 처리 덕분에 우린 그래도 많은 투자분을 건졌지 뭔가. 일을 그렇게 잘 처리하다니, 뜻밖이야."

실수를 했음에도 되레 칭찬을 받은 비서는 후일 회사를 위해서 많은 성과를 올렸으며, 회사의 주요 인물이 되었다. 칭찬을 받은 직원은 기분이 좋아지고 일도 더 열심히 하게 된다. 직원이 그렇게 당신에게 보답할 텐데, 당신은 왜 칭찬을 아끼는가.

무역 회사에서 일한 지 3년이 되는 한 직장인이 있었다. 무역학과를 졸업한 그녀는 회사를 계속해서 다녀야 하는지 고민하고 있었다. 그녀의 상사는 아주 거만하고 칭찬에 인색했다. 칭찬은커녕 찬물을 끼얹기 일쑤였다. 한번은 그녀가 자발적으로 회사 수출 방직품에 대한 국외의 새로운 환경 표준 정보를 수집했다. 칭찬받아 마땅한 일을 했는데도 상사는 자기 업무에 집중하지 않고 엉뚱한 일을 한다며 나무랐다. 그후로 업무 이외의 일에는 감히 관심을 둘 수가 없었다. 자발적인 행동이 제지를 당하자 점점 일도 재미가 없어졌고 성과도 나지 않았다.

그러다가 새로운 사람이 그녀의 상사로 발령을 받았다. 새로운 상사의 업무 스타일은 이전의 상사와 많이 달랐다. 미국에서 돌아온 상사는 쾌활했으며, 동료들에게 칭찬을 즐겨했다. 또 업무와 직위에 구속받지 않고 자유롭게 자신의 의견을 발표할 수 있는 분위기를 만들었다.

새로운 상사의 스타일은 그녀를 자극하기에 충분했다. 풀이 죽어 있던 그녀는 업무에 대해 이전보다 더 열정적이 되었다. 새로운 것들을 배우고, 계약서를 작성하고, 협상에 참여하고, 외국 바이어들을 접대했다. 그래도 지칠 줄 몰랐다. 그녀는 자기 안에 이처럼 무한한 잠재력이 있는 줄 몰랐다. 예전의 말이 없고 수줍음 많던 여자가 오늘 날 외국 바이어들과 귀가 발갛게 달아오르도록 가격 협상을 할 줄 누가 알았을까.

존재 가치를 별로 인정받지 못하며 항상 비판만 받는 사람은 부정적인 정보들에 좌지우지 당하고 자신에 대해 낮은 평가를 하게 된다. 그러나 칭찬과 자신에 대한 신뢰 속에 놓인 사람은 자극과 격려를 통해 나은 방향으로 노력하고자 한다. 마음이 변하니 행동도 점점 적극적이 된다. 결국 탁월한 성과를 거두게 되는 것이다.

키포인트

사람 본성의 가장 깊은 곳은 칭찬을 갈망한다. 어떤 사람에게 잘할 수 있다는 기대와 확신을 심어주면 바라던 결과를 얻을 수 있을 것이다. 관리자 역시 직원들의 재능과 가치를 존중하고 칭찬할 수 있어야 한다.

거리가 가깝다고 반드시 좋은 것은 아니다

고슴도치 법칙

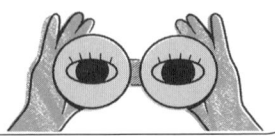

고슴도치의 생활 습관을 연구하던 학자들이 열 마리의 고슴도치를 야외에 두고 추위에 떨게 했다. 추울 때 고슴도치의 행동을 알아보기 위해서였다. 처음에 고슴도치들은 추위를 피하기 위해 한곳에 모여 서로 꼭 껴안았지만, 얼마 되지 않아 서로의 가시 때문에 견딜 수 없어 흩어졌다. 그러다 추위를 견딜 수 없자 다시 모였다. 고슴도치들은 떨어졌다 붙었다를 수없이 반복하는 것이었다. 이렇게 고통스러운 모색 끝에 고슴도치들은 마침내 추위를 피할 수 있으면서도 서로의 가시 때문에 아프지 않을 거리를 찾아냈다.

고슴도치 법칙이 강조하는 것은 사람 사이의 '심리적 거리 효과'다. 기업을 관리할 때 관리자가 직원들과 친밀한 거리를 유지하는 것은 필수적이다. 그러나 친밀한 가운데 멀지도 가깝지도 않은 적당한 거리를 두는 것이 가장 이상적인 협력 관계다.

샤를 드골은 고슴도치 법칙을 아주 잘 이용한 사람이었다. 그의 좌우명은 '적당한 거리를 유지하라!' 였다. 드골이 대통령으로 재직한 10년 동안 비서실, 사무실, 개인 참모부의 고문과 참모들의 임기는 2년을 넘지 않았다. 이러한 드골의 규정은 두 가지 원인에서 비롯되었다.

첫째, 직원들을 적시에 발령내는 것이 적당하고, 한자리에 오래 배속시키는 것은 맞지 않다는 것이다. 이것은 군대 규율의 영향 탓인데, 군대는 끊임없이 이동하고 한곳에 머무르지 않는다.

두 번째, 드골은 절대 자기 주변의 인물들이 떠나지 않는 측근으로 남아 있지 못하게 했다. 드골 자신은 자신의 생각과 판단으로 살아가는 지도자였으므로 자신의 주변에 영원히 남아 있는 측근을 용납하지 않았다. 직원들을 적시에 발령을 내면 일정한 거리가 유지되는 것이다. 이 거리 때문에 고문과 참모들은 매너리즘에 빠지지 않았다. 언제나 신선한 생각을 유지하고 활력에 차 있었다. 게다가 오래된 고문과 참모들이 대통령과 정부의 명의를 이용해 사욕을 채우거나 비리를 행하는 것을 막을 수 있었다.

GE의 전 총재 스톰도 고슴도치 법칙을 몸소 실천했다. 특히 고위층 관리자를 대할 때 더 그러했다. 그는 고위층 관리자들의 업무나 처우 문제에 대해서는 아낌없는 관심을 베풀었다. 그러나 업무 외 시간에 관리자들을 자신의 집에 초대하는 일이 없었으며, 자신 또한 그들의 초대에 응하지 않았다. 직원들과 적당한 거리를 유지하는 것은 관리자가 혼자서 고고한 척 높은 자리에 있거나 신분을 망각한 채 직원들과 어울리라는 말은 아니다. 적당한 거리는 관리의 가장 이상적인 형태다.

거리는 반드시 원칙에 의해서 유지되어야 한다. 원칙은 당연히 모든 사람들에게 똑같이 적용되어야 한다.

키포인트

당신이 경영자라면 직원들과 심리적 거리를 유지하라. 직원들이 적당한 경계심과 긴장감을 갖는다. 직원들이 아부를 하거나 물질적 공세를 하는 것도 줄어든다. 공과 사의 불분명도 줄어든다. 당신은 직원들의 존중을 받을 것이며, 원칙을 잃지도 않을 것이다.

베풀면 보상이 있다
사다리 법칙

사다리를 올라갈 때 사다리의 깨끗함을 유지하는 것은 필수다. 내려올 때 미끄러지지 않을 것을 염두에 둔다면 말이다. 사다리 법칙은 인성에 관해서 얘기하고 있는데, '착한 일을 하면 복 받는다'는 속담이 좋은 실례가 될 것이다. 이 법칙은 기업 관리뿐만 아니라 우리 인생에도 통용된다.

《사기-진본기》에는 이런 기록이 있다. 진목공이 좋은 말 한 필을 잃어버렸다. 그 말은 산골 마을 사람들에게 잡혔고, 산골 마을 사람들은 그 말을 냉큼 잡아먹어 버렸다. 관리는 말을 몰래 잡아먹은 사람들을 잡아들여 벌을 주려 했다. 그런데 진목공은 이렇게 말했다.

"군자는 짐승 때문에 사람을 해치지는 않는다. 내가 듣기로 말고기를 먹은 사람들이 술을 안 마셨다고 한다."

진목공은 산골 사람들을 풀어주는 것도 모자라 술까지 대접했다.

나중에 진목공이 전쟁에 참가했다. 적군에게 포위를 당해 생사의 기로에 놓이자 진목공의 말을 훔쳐 먹었던 3백여 명의 산골 사람들이 달려왔다.

"우리가 목숨을 걸고 싸우는 것은 말을 먹은 은혜를 갚으려는 것이다."

진목공이 위기에서 벗어났음은 물론 오히려 적국 왕을 포로로 잡을 수 있었다.

좋은 말을 잃었을 때 진목공이 대단히 화가 났음은 짐작하고도 남는다. 그렇지만 일은 이미 일어났고 산골 사람 몇을 죽인다고 해서 말이 살아 돌아오지는 않는다. 게다가 백성의 원한을 살 수도 있다. 상황에 맞게 적절한 관용을 베푼 진목공은 가장 이상적인 선택을 한 것이다.

왕리는 한 회사의 과장이다. 샤오동은 왕리의 부하 직원이다. 왕리는 경험은 많지만 능력은 보통이다. 두 사람이 같이 일을 한 지 얼마 안 되어 샤오동은 서로의 현저한 차이를 깨닫게 되었다.

컴퓨터를 잘 다루지 못하는 왕리는 이메일과 같은 현대 소통 수단에 대해 공포감 같은 걸 가지고 있었다. 하루는 왕리가 샤오동에게 전국 지사에 국경절 판촉 활동에 대한 공고문을 돌리라고 하였다. 샤오동은 이메일의 한꺼번에 보내기 기능을 이용하여 3분만에 일을 끝내버렸다. 왕리는 공고문이 제대로 전달되었는지 걱정이 되었다.

"만약 컴퓨터를 켜 놓지 않은 지사나, 혹시 컴퓨터를 켜 놓았더라도 못 받은 지사가 있으면 어떡하나?"

"괜찮습니다. 만일을 대비해서 제가 최소한 두 개의 이메일 주소로 보냈습니다."

왕리는 그래도 마음이 놓이지 않았다.

"그래도 안 돼. 빨리 팩스를 보내. 확인 사인을 하고 다시 이쪽으로 팩스 넣어 달라고 해. 그러면 착오가 생기더라도 각 지사의 책임이 되잖아."

그래서 샤오동은 전국 20개가 넘는 지사에 팩스를 보냈다. 꼭 1시간이 걸렸고, 샤오동은 팩스기에 붙어 서서 기계처럼 읊조렸다.

"여보세요. ○○지사죠? 여긴 본점 영업부인데요, 제가 두 쪽짜리 팩스 보낼게요. 사인해서 다시 팩스 보내주세요."

이런 일이 자주 반복되자 샤오동은 참을 수가 없었다. 어느 날 왕리와 샤오동은 격렬한 다툼을 벌였다.

"이렇게 회사 자원이 낭비되고 일의 효율이 떨어지는 것은 모두 과장님 같은 사람 때문입니다."

"일하고 싶지 않으면 당장 그만둬."

샤오동은 화가 나서 회사를 그만두었고, 열심히 노력한 결과 다른 회사에 팀장으로 가게 되었다. 왕리 역시 어떤 계기로 회사를 그만두었고, 인력 시장에서 어렵사리 자신의 경력에 맞는 회사를 찾았다. 인사 담당자가 왕리를 팀장에게 소개시켜 주는데, 그 팀장은 다름 아닌 자신의 부하 직원이었던 샤오동이었다. 왕 과장의 실패는 공부를 게을리한 이유도 있지만, 부하 직원에게 관용이 부족했던 이유도 있는 것이다.

키포인트

당신의 부하 직원이 빠른 속도로 성장할 때 상사가 가져야 할 가장 바른 태도는 뭘까? 온갖 방법을 동원하여 부하 직원을 누르기보다 자신의 부족함을 깨닫고 긴장감을 가지는 것이다.

08

업계의 최고가 되어라
엄지손가락 이론

실리콘밸리의 벤처 기업들은 경험에 의거한 법칙을 가지고 있다. 벤처 투자 수익의 '엄지손가락 이론'이 그것이다. 벤처 자본에 투자하는 10개 창업 기업 중 평균 3개 기업은 망하고, 3개 기업은 1~2천 달러의 이윤을 내는 소규모 기업에 머문다. 이런 기업들은 결국은 매각된다. 나머지 3개 기업들은 업계에서 괜찮은 자리매김을 한다. 그 중 하나의 기업이 빛나는 샛별이 되고 엄지손가락이 된다. 이것이 바로 엄지손가락 이론이다.

벤처 투자가 진행되는 동안 실패하는 기업은 축출되고, 낙후되는 기업은 도태된다. 허약한 기업은 추월당하며, 가장 실력 있는 기업만이 살아남아 업계의 신화가 된다.

벤처 투자 분야에만 이런 법칙이 적용되는 건 아니다. 바르게 내딛는 한 발은 앞날을 위한 디딤돌이 되지만, 한 발짝 잘못 디디는 순간 이제까지 쌓아 왔던 게 수포로 돌아갈 수 있다. 비슷한 출발을 하더라도 몇 년 사이에 상황이 크게 달라진다. 누군가는 그냥 평범하게 살아가고, 누군가는 성공한 인생을 살고 있다. 엄지손가락 이론이 작용한 까닭이다.

자신을 한번 진지하게 반성해 보자.

"다섯 손가락 중에서 당신은 엄지손가락인가?"

"조직 속에서 당신은 안목과 지식을 갖춘 리더인가?"

"경쟁에서 당신은 난관을 뚫고 나온 승리자인가?"

인생을 사는 것도 기업 경영과 같다. 어려움을 극복하고 승리자가 될 때 도태되지 않는다. 더 나은 것을 추구할 때 낙후되지 않는다. 인생에 대해서 비전을 가질 때만이 탁월한 성과를 거둘 수 있다. 실패한 사람과 실패한 기업은 모양새가 같다.

성공은 다르다. 성공한 사람과 기업은 다양한 유형이 있다. 당신은 금자탑의 제일 꼭대기인가? 밤하늘의 가장 빛나는 별인가? 다섯 손가락은 한 손안에 있지만, 엄지손가락은 오직 하나다. 끊임없이 노력하고 다른 사람을 넘어서려 할 때 업계의 넘버원이 될 수 있다. 업계의 최고가 되는 것, 걸출한 1인자가 되는 것은 모든 사람의 꿈이다. 그렇기때문에 아무나 될 수 없다.

올림픽에서 금메달을 딴 선수는 영원히 1등이다. 1등과 0.1

초 차이라 할지라도 은메달은 은메달이다. 2004년 그리스 올림픽 때 미국은 금메달 1위였고, 중국은 2위, 러시아는 3위였다. 사실상 러시아는 전체 메달 수에서 중국보다 29개가 많았다. 그렇지만 순위는 금메달에 의거해서 산출했다.

기업도 올림픽과 마찬가지다. 제1의 기업만 공고한 자리를 유지하며 경쟁자를 따돌릴 수 있다. 그래서 기업 경영을 할 때는 용감하게 1위를 향해 돌진해야 한다.

2003년 델컴퓨터의 연간 영업 수익은 354억 달러를 넘어섰다. 2002년에 비하면 엄청난 향상이었다. 그러나 델은 새로운 목표를 내놓았다.

"2006년도 목표는 영업 수익 600억 달성이다. 성장률은 반드시 현재 시장 성장률의 3배로 한다."

축하할 만한 어떠한 목표 달성도 델 사의 눈에는 아주 당연한 결과였다. 델 사는 목표 달성 후 축하 시간을 5분 이상 가지지 못한다는 규정을 두었다. 게다가 목표 달성 5시간 내 직원들은 반드시 새로운 목표와 계획을 세워야 했다.

언제나 자신의 지향점을 높은 곳에 두어야 하고, 언제라도 전투에 임할 수 있는 준비된 사람을 만든다는 것이 델 사의 성공 철학이었다. 델 사는 직원들에게 올림픽에 출전하는 선수가 될 것을 당부했다. 1등만 있다. 2등은 없다. 델 사는 IBM처럼 오랜 역사와 브랜드 인지도도 없었고, 휴렛패커드처럼 실력과 단단한 연구 개발 능력도 없었다. IT 산업에서 살아남으려면 속도로 승부하고, 더 빨리, 더 독하게 일을 처리하는 수밖에 없었다. 델 사는 이런 전략을 바탕으로 아주 빠른 성장 속도로 시장을 점유할 수 있었다.

델의 전략이 현명했다는 것은 시장에서 증명되었다. 델은 퍼스널 컴퓨터 판매량에서 IBM, 휴렛팩커드, 컴팩을 제치고 2년 연속 세계 1위를 차지했다.

만약 당신이 강하지 못하다면 필사적인 노력을 하라. 더 빨리 향상되도록 하라. 1등을 하지 않으면 이내 업계에서 사장되고 말 것이다. 부지런히 따라잡고 용감하게 쫓아갈 때 당신은 비로소 자신의 제국을 건설할 수 있을 것이다.

키포인트

'당신이 만약 아주 훌륭한 머리핀을 만든다면, 조잡한 증기 기관을 만드는 것보다 더 많은 돈을 벌 수 있다'는 말이 있다. 노력만이 당신을 업계의 전문가로 만들 것이다.

사람의 행동심리를
제대로 읽는 레시피 1

인간은 욕구의 동물이다.

욕구는 모든 인간 행위의 출발점이다. 물질적인 요소나 정신적인 요소의 결핍이 욕구를 불러일으킨다. 이 결핍을 채우려는 마음이 행위의 동기가 된다. 따라서 관리자가 사람들을 관리한다는 것은 결국 그들의 욕구를 관리하는 것과 마찬가지다. 관리자가 부하들의 욕구를 알면 그것을 통해 움직이게 할 수 있지만 그렇지 않다면, 혹은 알더라도 그 방법에 문제가 있다면 늘 부하들과 충돌하게 될 것이다.

동기는 욕구를 만족시켜줄 수 있는 특정한 목표를 끊임없이 찾게 만든다. 가령 배고픔을 느끼는 사람은 인체 내 혈당 농도가 낮고 혈액 성분은 균형을 잃은 상태다. 신경 계통이 대뇌 피층을 자극해서 음식을 섭취하고 싶은 욕구를 만족시키도록 한다. 목표가 달성되면, 다시 말해 배부른 상태가 되면 긴장감이 떨어지고 새로운 욕구와 동기가 출현하게 된다. 인간의 식사 행위는 이러한 과정의 끊임없는 순환이다.

목표는 욕구가 채워지는 상태다. 조직에서의 목표란 생산량, 생산품의

질, 이윤 목표, 임금, 보너스, 물질적 보상 같은 물질적인 것일 수도 있고, 직무나, 성취감, 인정 같은 정신적인 것일 수도 있다. 이런 외재적인 유혹은 동기 유발의 중요한 요소로, 내부의 욕구와 서로 보완하며 모든 행위의 과정에 관여하게 된다.

만약 당신이 직원들을 성공적으로 동기 유발하고 싶다면, 직원들의 욕구를 이해하는 것만으로는 부족하다. 항상 적당한 목표로 직원들의 동기를 유발시켜야 하며, 직원 개인의 욕구와 조직의 목표를 연결시켜 직원들의 적극성을 조직 발전의 궤도 안으로 끌어올 수 있어야 한다.

인간 행위의 공통점

당신이 어떤 위치에 있는 관리자이건, 당신이 대면하는 직원들은 다음과 같은 보편적 특징을 가지고 있다.

1. 모든 행위들은 동기에 의해 유발된 것들이다. 외부 환경과 내부 욕구는 인간 행위에 영향을 미친다.

2. 인간의 행위는 맹목적이지 않다. 자신이 정한 목표를 향해 정해진 순서에 따라 완성해 가는 것이다. 다른 사람이 보기에 합리적이지 않은 행위라도 자신에게는 목표에 부합하는 합리적 행위일 수 있다.

3. 인간은 자신의 발전에 이익이 되는 행위를 추구한다. 자신의 이익을 만족시키는 것은 인간 행위의 원동력이다.

4. 인간은 추구한 목표에 도달하기 위해서 다양한 수단을 사용한다. 또한 학습과 교육을 통해서 행위의 방식을 바꾸기도 한다.
5. 인간의 행위가 이성적인 것만은 아니다. 그 안에는 많은 감정적 요소들이 얽혀 있다.

이처럼 인간의 행위에는 공통점이 있기 때문에 서로 이해하는 것이 가능한 것이다. 직원들이 당신을 어떻게 대해 주었으면 좋겠는가 하는 생각으로 직원들 대해 보라. 관리자는 공자가 말한 '내가 하기 싫은 것을 남에게 강요하지 마라'는 말을 염두에 두어야 한다.

인간 행위의 차이점

앞에서 소개한 것처럼 인간 행위의 기본적인 원인은 대동소이하다. 그러나 인간의 행위는 아주 복잡해서 구체적인 목표 추구 방식은 천차만별이다. 그 천차만별은 다음 세 가지의 방면에서 이해할 수 있다.

1. 가치관의 차이
가치란 인간이 자신의 주관적인 욕구를 만족시킬 때 중요하게 작용하는 사물에 대한 평가와 생각을 말한다. 자신에게 가장 의미 있고 가장 중요한 사물이 가장 가치 있는 것이다. 지위, 돈, 우정, 권력, 자존심, 동료 관계, 업무상의 성취 등에 대해 각 개인의 평가나 관점은 다르다. 가치관이 다름에 따라 같은 상황 하에서 다른 행위가 나온다.

2. 개성의 차이

내향적인 것과 외향적인 것은 심리 활동 중 보인 경향에 따라 나눈 것이다. 내향적인 사람은 신중하고 말이 적으며, 매사를 심사숙고하는 편이며, 다른 사람들과 어울리는 것이나 새로운 환경에 적응하는 데 어려움을 느낀다. 반면 외향적인 사람은 명랑하고 감정을 잘 드러내며, 사람들과 사귀는 데 어려움이 없다. 하지만 세심하지 못하고 경솔할 때가 있다. 성향이 다른 사람들은 일을 하는 방식도 다르다.

3. 능력, 특기의 차이

능력을 드러내는 방식은 사람마다 다르다. 어떤 사람은 어렸을 때부터 두각을 드러내는가 하면, 대기만성형인 사람도 있다. 어떤 사람은 관찰에, 어떤 사람은 사고에, 어떤 사람은 행동에 능하다.

능력 외에도 사람들을 차별화시키는 요인들은 많다. 개개인은 욕구가 다르고 욕구가 만족되는 방식도 다르다. 교육 받은 정도, 경험, 가정 배경, 취미 등이 다 다르다. 이처럼 많은 부분이 다르기 때문에 인간은 하나의 독특한 개성체인 것이다.

기수에게 방향을 제시하라. 기수는 우리의 머릿속에 존재하는 논리적 회로 다시 말해 이성을 의미한다. 모든 사람들은 자신이 옳다고 생각하는 것이 있으며 그것을 따라 행동해야 한다고 생각한다. 하지만 생각만 할 뿐 실제로 행동하는 것은 별개다. 이때 생각이 행동으로 이어지기 위해서는 명확한 방향을 제시하는 것이 반드시 필요하다. 모호성은 결정과 행동을 주저하게 만드는 대표적인 원인이다. 때문에 이성에게는 모호한 목표를 구체적인 행동으로 전환시킬 수 있는 시나리오를 보여주는 것이 중요하다.

_칩 히스, 댄 히스의 <스위치> 중에서

2장

의사결정 심리학

올바른 선택을 만드는 기술

사소한 행동 하나로

결정적인 변화를

만들어내는 행동심리학

01

작은 변수가 큰 변화를 이끈다
나비 효과

나비 효과는 기상학자 에드워드 로렌츠가 1963년에 주장한 이론이다.

미국 메사추세츠 공과대학의 로렌츠는 일기 예보를 위해 지구 대기와 흡사한 13개 방정식을 만들어 놓고 컴퓨터를 이용해 풀려고 했다. 컴퓨터의 빠른 계산 능력을 이용해 장기 일보 예보의 정확성을 기하기 위해서였다.

로렌츠는 초기 조건을 다양하게 변화시켜 초보적인 컴퓨터 시뮬레이션에 의한 기상 모델을 관찰하던 중, 기상 패턴이 초기값의 미세한 차이에도 매우 다르게 나타난다는 것을 알았다. 로렌츠는 계산 결과를 검증하기 위해 똑같은 데이터를 초기값으로 여러 차례 반복하여 시뮬레이션을 해야 했다. 초기값의 미세한 차이는 계산 결과에 사소한 영향만을 줄 것이라 생각하고, 소수점 아래 자리를 모두 입력하지 않았다. 그런데 예상치 못한 엄청난 차이를 가져왔다. 로렌츠는 이러한 결과를 '민감한 초기 상태 의존성'이라고 하였다.

로렌츠의 실험 결과를 카오스 이론, 혹은 나비 효과라고도 한다. 아시아나 남미의 나비 한 마리가 날갯짓을 하면 몇 개월 후 미국에는 토네이도가 발생할 수도 있다는 것이다.

카오스 이론은 서양에서 구전되어 오고 있는 민요에서 이미 예견된 바 있다.

못을 잃어버려서 말발굽을 못 쓰게 되었다.
말발굽을 못 쓰게 되어 말을 죽였다.
말을 죽였더니 전투에서 기사가 부상당했다.
기사가 부상당해 전투력을 상실한 나라는 전쟁에 졌다.
전쟁에 지자 나라가 멸망했다.

시작할 때는 아주 작은 변화였다. 그러나 장기적으로 파급 효과가 일어나면서 한 나라의 존망으로까지 이어졌다. 이런 이야기는 왠지 불가사의하게 느껴지나 현실에서 분명하게 일어나고 있는 사실이다.

자동차의 역사에서 헨리 포드는 빼놓을 수 없는 인물이다.

대량 생산이 가능한 시스템을 만들어 자동차의 대중화를 이끈 자동차 왕 포드. 그 위대한 업적이 가능하도록 한 것은 아주 사소한 행동이었다.

포드가 막 대학에서 졸업할 무렵, 한 자동차 회사에 응시를 했다. 다른 응시자들의 학력이 포드보다 높았기 때문에 합격에 별다른 희망을 품지 않고 면접을 보러 갔다. 면접실에 들어가려고 할 때 포드는 문 앞에 떨어져 있는 종이 한 장을 보았고, 그것을 주워 쓰레기통에 넣었다. 습관대로 하던 사소한 행동이었는데, 이를 지켜보고 있는 눈이 있었다. 이 회사의 회장이었다. 두말할 것도 없이 포드는 합격이 되었다. 그 후로 포드는 회사에서 자동차 왕이 될 재목으로 자랐고, 나중에 자신의 이름을 딴 포드자동차를 설립할 수 있었다.

물론 포드가 입사한 다음 기울였던 많은 노력을 폄하하는 것은 아니다. 다만 그가 휴지를 줍지 않았다면, 그래서 다른 업종의 기업에 들어갔다면, 거기서 같은 노력을 기울였다면 어떤 일이 벌어졌을까? 포드는 거기서도 성공을 거두었겠지만, 자동차 왕 포드는 없었을지도 모른다. 휴지를 줍는 사소한 행동이 훗날 자동차 왕이 되는 씨앗이 되었던 것이다.

중국 평안보험의 한 보험 설계사 일화도 이와 유사하다. 보험 설계사가 한 회사와 보험 계약을 맺게 된 것은 다름 아닌 한 장의 휴지다. 그는 회사로 오는 도중 길에 떨어진 휴지를 보고 주워서 휴지통에 넣었다. 마침 회사 사장이 사무실 창밖으로

이 광경을 보게 되었다.

"내가 오전 내내 지켜보았지만 다들 그냥 모른 척하고 지나가더군. 자네가 휴지를 집어서 휴지통에 넣을 줄은 몰랐어."

사실 그는 사장과 미팅하기 위해 이미 3시간 동안 기다린 상태였으며, 많은 보험사들이 이 거물 고객을 잡기 위해 경쟁 중이었다.

포드와 보험 설계사의 수확은 우연처럼 보이지만, 우연을 만든 것이 습관이라는 사실에 주목해야 한다. 눈에 보이는 잘못을 곧바로 바로잡는 적극적인 습관이 그들에게 행운을 가져다준 것이다. 나비 효과는 우리의 인생 여정 속에 있다. 용감한 시도 하나, 찬란한 미소 하나, 어떤 습관적인 동작 하나가 우리 인생에서 예기치 못한 출발점이 될 수 있다. 습관의 합이 곧 당신의 인생인 것이다.

유명한 심리학자이자 철학가인 윌리엄 제임스는 이렇게 말했다.

"행동 하나를 뿌리면 습관 하나를 수확한다. 습관 하나를 뿌리면 어떤 성격을 얻는다. 어떤 성격을 뿌리면 운명을 얻는다."

키포인트

사회학에서는 나비 효과를 이렇게 정의한다. 작은 변수 하나를 당신이 즉시 바로 잡거나 조정하지 않았을 때 사회에 미칠 위험은 아주 크다. 토네이도인것이다. 그러나 좋은 시작 하나를 바르게 이끌고 거기에 노력을 기울였을 때, 사회에 미칠 시너지 효과는 대단하다. 혁명이 된다.

자신이 가진 것을 과감하게 버려라

데이비드 법칙

데이비드 법칙은 인텔의 부총재 이름에서 따온 것이다. 그는 한 기업이 시장에서 선도적인 위치를 점유하려면 신상품 개발이 필수라고 보았다. 신상품 개발이 가능하려면 기존의 상품을 과감하게 버리는 용기가 필요하다. 인텔이 승승장구하는 바탕에는 이 법칙을 지킬 수 있는 용기를 지속해 왔기 때문이다.

인텔은 줄곧 컴퓨터 시장을 선도해 왔다. 인텔이 내놓은 상품이 항상 성능이 가장 좋고 속도가 가장 빠른 것은 아니었다. 하지만 인텔은 언제나 '가장 새로운 상품'을 내놓았다. 설령 지금 가장 잘 팔리고 있는 상품일지라도 주저하지 않고 폐기 처분했다. 486 컴퓨터가 시장에서 활보하고 있을 무렵, 그들은 일부러 486의 생명을 단축시키고 더 혁신적인 컴퓨터를 내놓았다. 인텔은 데이비드 법칙을 지킴으로써 시장에서 압도적인 지위를 점유했고 경쟁자들을 따돌렸다.

1936년 한 남자아이가 헝가리의 부다페스트에서 태어났다. 행복한 시절을 보내기도 잠시, 불행하게도 헝가리 혁명이 실패로 끝나 나치에 끌려갔다가, 나중에는 소련군에게 잡혀갔다. 1954년 탈출에 성공, 미국으로 건너갔다. 그 남자아이는 영리하고 공부를 좋아해서 나중에 캘리포니아 버클리대학 분교에서 화학박사 학위를 받았다. 졸업 후 반도체 회사에 엔지니어로 들어갔는데, 운 좋게도 고든 무어와 로버트 노이스 밑에서 일하게 되었다. 이 세 사람이 바로 IC**집적회로**, Integrated Circuit를 공동 개발했던 로버트 노이스, 고든 무어 그리고 앤디 그로브이다.

1968년 고든 무어와 로버트 노이스는 자신들의 회사를 설립했는데, 이것이 인텔의 전신이다. 여러분은 이미 눈치를 했을 것이다. 오늘의 주인공인 그 남자아이가 누구인지. 그가 바로 앤디 그로브이다. 앤디 그로브는 곧 반도체 회사를 사직하고 고든 무어, 로버트 노이스가 설 립한 회사에 합류한다. 무어의 지도하에 1979년 그로브는 인텔의 회장이 되었고, 1987년에는 회사의 CEO가 되었다.

앤디 그로브는 쉴 새 없이 빠르게 돌아가는 환경 속에서 기업의 반응 속도가 가장 중요하다고 보았다. 그는 '빠른 물고기가 느린 물고기를 잡아먹는다'는 시대의 흐름을 일찍이 간파했다.

현대의 기업들은 전략 전환점에 수시로 봉착하고, '10배 속도의 변화'에 직면해 있다. 기업은 변화무쌍한 변화들을 예측할 수 있어야 하고, 이 변화들에 적응하느냐 그렇지 않느냐에 따라 기업의 성공과 실패가 갈린다.

그로브는 말했다.

"전략 전환점은 기업을 궁지로 몰고 갈 수도 있다. 전략 수정을 거친 기업들이 서서히 퇴락해 가는 것을 보아 왔으며, 그 기업들이 예전의 모습으로 다시 일어서는 사례는 극히 드물다."

변화에 대한 그로브의 신념은 그의 저서 《오직 편집광만이 살아남는다》에 잘 드러나 있다. 그는 빠른 변화의 필요성에 대한 자신의 신념을 강하게 추구했다. 그로브는 번창하는 기업일수록 그 안에는 파산의 씨도 함께 품고 있다고 보았다. 잘나가는 기업도 하루아침에 무너질 수 있다는 것이다. 그래서 그는 편집광적으로 '기업의 위기와 그에 따르는 전략 전환점' 문제에 매달렸던 것이다. 그로브는 자신의 신념에 광적으로 집착함으로써 인텔의 회장이 될 수 있었다.

가진 것에 대한 집착은 새로운 것을 거부한다는 말과 같다. 이미 가지고 있는 것은 현재의 안정을 주지만, 가까운 미래에 자신의 발목을 잡기 마련이다. 새로운 물을 부으려면 우선 그

릇을 비우는 것이 먼저다. 과감하게 비울 수 있는 사람이 미래의 주인공이 될 수 있다.

키포인트

사회는 끊임없이 발전한다. 시대를 앞서가는 사람만이 사회와 발맞출 수 있다. 만약 그렇지 않다면 당신은 퇴보할 것이고, 경쟁자들은 당신을 넘어설 것이다.

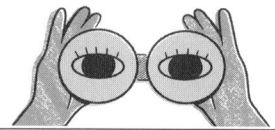

03

기존의 규칙을 깨트려라

꿀벌 효과

조직행위학자 칼 웨이크 교수는 꿀벌과 파리를 유리병에 넣는 실험을 했다. 꿀벌 6마리와 파리 6마리를 각각 유리병에 넣은 다음, 유리 병을 수평으로 눕혀 병 바닥을 창 쪽으로 향하게 했다. 꿀벌들은 빛이 들어오는 쪽에서 버둥거렸지만 그곳은 병 바닥이었다. 힘이 빠진 꿀벌들은 서서히 죽어갔다.

일반적으로 밀폐된 공간의 탈출구는 빛이 들어오는 곳이다. 꿀벌들도 이 법칙을 알고 있었고, 그 규칙을 맹목적으로 따르다가 죽음을 맞았다. 꿀벌들에게는 유리에 대한 정보가 없다. 자연계에서 유리처럼 투명하면서도 뚫지 못하는 대기층을 접한 적도 없었다. 꿀벌의 규칙, 다시 말해 빛이 들어오는 곳이

64   2장 • 의사결정 심리학

출구라는 규칙은 일상적인 상황에서는 훌륭하게 적용되지만, 돌발 상황에서는 죽음을 불렀다.

같은 상황에 처한 파리들은 어땠을까. 파리는 2분도 채 되지 않아 병 입구를 통해 빠져나왔다. 파리들은 햇볕의 유혹에도 개의치 않고 사방을 마구 날아다녔으며, 이리저리 부딪히는 과정에서 출구를 찾았던 것이다. 그래서 이 단순한 무리들은 똑똑한 꿀벌들보다 쉽게 살아 나올 수 있었다.

또 하나의 전형적인 예는 래브라도 인디언들의 사냥법에서 찾을 수 있다. 래브라도 인디언들은 아주 오랜 사냥 전통을 가지고 있었다. 동물 추격법이라든지, 사냥에 적당한 날씨와 지형 등 사냥에 관한 풍부한 지식을 가지고 있었다.

래브라도 인디언들이 사냥을 나설 때는 대개 가장 사냥 경험이 많고 지식이 풍부한 우두머리의 판단에 따랐다. 그러나 외부 세계의 변수가 너무 클 때, 혹은 특수한 상황일 때 인디언들은 경험을 던져 놓고 비논리적인 마법에 의지했다. 이것은 현대인의 이성적인 관점에서 보면 좀 황당하지만, 마법은 경험을 넘어서는 새로운 지혜를 주었고, 인디언들은 사냥에 성공할 수 있었다. 꿀벌들도 너무 자신의 경험에만 의지했기 때문에 죽음에 이르렀다. 꿀벌들이 새로운 것을 시도했더라면 어땠을까? 이것이 바로 규칙의 비애다.

칼 웨이크 교수는 "실험, 꾸준한 시도, 모험, 즉흥 발휘, 가장 빠른 방법, 돌아가기, 혼란스러움, 판에 박힌 것, 임기응변 모두 변화에 대처하는 데 도움이 되는 방법이다. 사람들이 지나치게 규칙에 얽매일 때 창조성은 질식된다"고 말했다.

기업의 환경 역시 어느 날 정상적인 상황에서 예측 불가능한 환경으로 바뀔 수 있다. 기업 속의 꿀벌들은 도저히 이해 불가능한 유리창에 부딪힌다. 관리자는 이런 변화를 논리적으로 해석하려 하고 기업을 위기에서 구하려 한다. 조직은 본래의 안정감을 유지하려 하고 혼란 중에서 질서를 찾으려고 할 것이다. 그러나 변화무쌍한 세계 속에 서 기업에 닥친 혼란은 대처하기가 쉽지 않다.

성공한 디자인 작품들은 과감한 실험이나 자유로운 연상과 밀접한 관계가 있다. 뛰어난 관리자들은 고정된 틀을 깨부수며, 구속되는 것을 거부한다. 개방적이고 생기발랄한 작업 환경 유지를 목표로 삼는다.

IDEO는 세계에서 특이한 디자인으로 유명한 회사다. 전 CEO 톰 캘리는 "우리는 대기업들을 보며 무엇이 가장 중요한지를 알았다. 모든 사람들이 규칙을 따를 때 창조력은 질식된다"고 말한다.

이것이 바로 병 속의 꿀벌이 지키고자 했던 논리며, 그 논리는 죽음으로 몰고 갔다. 이미 많은 기업들이 IDEO의 혁신적인 방법을 취하고 있으며, 어떻게 하면 활력과 창조성이 가득한 기업을 만들 것인가를 머리 싸매고 고민한다. 관리의 모호함, 관리의 불확실성, 관리 혁신 등은 기업이 해결해야 할 선결

과제가 되어버린 지 오래여서, 현대의 기업들은 창조성에 관한 문제를 고민하지 않으면 안 되었다.

불확실성은 오랜 시간 기업들을 괴롭혀온 만성 질병이었다. 많은 회사들이 이제는 조직 구조도를 인쇄하지 않는다. 인쇄하자마자 금방 낡은 것이 되어 버리기 때문이다. 첨단 산업일수록 몇 개월 후의 기술 발전 방향을 가늠하는 것은 시간 낭비에 불과하다. 만약 당신이 카오스 이론을 조금만이라도 인지한다면, 이 세계가 불가사의하며 예측 불가능하다는 것을 느낄 것이다. 과거의 기업은 아주 유유자적한 호화 여객선 같았다. 하지만 현재의 기업은 어떠한가. 격랑을 헤치고 가는 외로운 나무배다.

규칙은 유용하다. 그러나 상황이 변화하면 규칙도 변화해야 한다. 규칙을 위한 상황이 아니라 상황에 대처하기 위한 규칙이기 때문이다.

키포인트

이 복잡한 세계를 이해하고 싶다면, 당신은 기동성 있는 기지를 발휘해야만 한다. 판에 박힌 생각만으로는 불가능하다.

다른 사람이 이미 투자한 곳에서는 돈을 벌 수 없다.

버핏 법칙

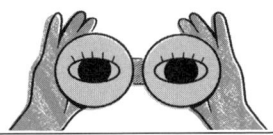

"다른 사람이 이미 투자한 곳에서는 돈을 벌 수 없다."

'오마하의 현인' 워렌 버핏이 한 말로, 일명 '버핏 법칙'이라고 불린다. 단순한 말인 듯하지만 오랜 투자 경험의 결정체다.

1960년대 버핏은 파산 직전에 놓인 버크셔를 헐값으로 사들인 것을 시작으로 손대는 것마다 투자 신화를 창조했다. 버핏이 얼마나 큰 성공을 거두었는지는 간단한 가정을 해 보면 쉽게 알 수 있다. 당신이 1956년에 조부모에게서 10,000달러를 상속받고 버핏과 같이 투자를 했다고 치자. 그랬다면 원금은 27,000배가 불어나 놀라운 이익금을 손에 거머쥘 수 있을 것이다. 같은 기간에 다우존스 공업지수는 평균 11배 정도밖에 오르지 않았다.

버핏이 거의 기적에 가까운 수익을 올릴 수 있었던 것은 남들이 투자하지 않았으면서 성장 가능성이 있는 기업에 투자했기 때문이다. 남들이 투자를 하고 성장이 검증된 기업에 투자하는 대부분의 사람들과는 다른 전략이다.

월마트의 창업자 샘 월튼도 버핏과 같은 전략을 썼다. 1962년 샘 월튼은 상점을 개점하고 월마트백화점이라고 이름을 지었다. 1969년까지 19개의 분점을 열었으나, 1992년 별세 당시 분점은 1,735개에 이르렀고 연간 영업액은 400억 달러에 달했다. 짧은 시기에 K마트와 시어스를 따돌리고 마트계의 선두 주자가 되었다.

월튼의 성공 비결은 사실 아주 간단하다. 그는 경제가 상대적으로 발달한 지역과 도시를 피하고, 미국 남부와 서남부의 농촌 지역을 개점 목표 지역으로 삼았다. 게다가 베팅하듯 도시가 외곽을 향해 발달하기를 기다렸다. 이런 장기적 안목을 가진 창업 전략은 강력한 경쟁사들과 맞붙어야 하는 창업 초기의 위험을 상당히 줄일 수 있었다. 그리고 단독으로 시장을 개척할 수 있다는 장점도 있었다.

일본 소니의 창업자 이부카 마사루와 모리타 아키오는 '시대의 흐름을 선도한다'는 캐치프레이즈로 다른 기업들의 식상한 경영을 따르지 않겠다는 방침을 세웠다. 하루는 이부카 마사루가 일본 라디오 회사에서 미국산 녹음기를 보게 되었다.

그는 바로 그 녹음기의 특허를 샀고, 일본 최초로 녹음기를 생산했다. 녹음기는 출시되자마자 소비자에게 인기가 높았다.

1952년 미국이 트랜지스터 연구에 성공하자, 이부카 마사루는 바로 미국으로 건너가 조사에 착수했다. 아주 과감하게 특허를 사서 국내 생산에 들어갔고 역시 성공을 거두었다. 소니의 자극을 받아 다른 기업들이 트랜지스터 생산에 눈을 돌리기 시작하자, 그는 세계 최초로 미니 트랜지스터 라디오를 시장에 내놓았다. 이것이 바로 '다른 사람에게 없을 때 나는 있고, 다른 사람에게 있을 때 나는 바꾼다'는 전략이다. 소니의 신상품은 언제나 번개 같은 속도로 시장에 나와 커다란 성과를 거두었다.

미국의 사우스웨스트항공도 같은 전략을 사용하고 있다. 9.11 사건 이후 미국 항공 산업은 파산 위기에 놓였고, 항공 업계는 인력 감원 등 불길한 소식들로 가득했다. 반면 사우스웨스트항공은 연속 29년 흑자 경영이라는 기적을 이루었다. 이러한 성공은 저자본과 저가 경쟁이라는 전략의 결과이기도 하다. 경쟁사들이 소홀히 한 부분에 노력을 기울이며 거기서 이윤 창출을 본 것이다.

사우스웨스트항공은 국내 단거리 노선을 주로 운영했다. 항공기들의 운항 시간은 30분밖에 되지 않았고, 기내 서비스로 간단한 음료수와 땅콩만 제공했다. 이렇게 함으로써 기내식 서비스의 높은 비용을 절감할 수 있었다. 그 이윤으로 기내에

7~9의 좌석을 더 늘릴 수 있었고, 승무원은 오히려 두 명 적게 배치해도 무방했다.

사우스웨스트항공은 다른 대형 항공사와 정면 경쟁을 피하고 국내의 잠재 시장을 개척했다. 북미자유무역협정 체결 후, 사람들은 텍사스에 위치한 사우스웨스트항공이 멕시코 노선을 개척할 줄 알았다. 하지만 사우스웨스트항공은 유혹을 물리치고 '중소 도시, 비중추 공항'이라는 기본 원칙을 고수했다. 다른 항공사가 채산성이 없다고 본 노선을 '저가격, 고밀도, 고질량이라는 기치 아래 고객을 유치하며 커다란 성공을 거두었던 것이다.

사우스웨스트항공의 티켓값은 장거리 기차 가격보다 싼 것도 있었다. 대형 항공사들은 사우스웨스트항공을 일컬어 '아무리 없애려 해도 없어지지 않는 바닥 틈 사이에 가득한 바퀴벌레'라고 표현했다. 3대의 비행기로 운항을 시작한 사우스웨스트항공은 지금은 810대의 비행기를 보유한 항공사가 되었다. 2024년 한 해 실어 날랐던 국내 승객 수는 1억 7,500만 명에 달했고 1,000곳이 넘는 목적지를 운항했다. 사우스웨스트항공의 선전 책자에는 다음과 같은 말이 적혀 있다.

'미국의 어느 도시든 자동차로 두 시간 거리라면, 당신은 사우스웨스트항공을 탈 수 있습니다.'

투자를 하든 기업을 경영하든, 남과 차별되는 자신만의 전략이 필요하다. 벌떼처럼 시류를 좇아서는 돈을 벌 수 없다. 우리는 버핏의 충고를 명심해야 한다. 다른 사람이 이미 투자한 곳에 투자해서는 돈을 벌 수 없다.

키포인트

다른 사람이 이미 투자한 곳에 투자해서는 돈을 벌 수 없다. 수많은 투자가들의 성공은 언제 어디서나 이 법칙을 따랐기 때문이다.

05

다 포기하더라도 희망만은 포기하지 마라

로버트 이론

어떤 사람도 잠시 넘어졌거나 실의에 빠졌다고 실패하지는 않는다. 계속해서 넘어져 있거나 실의에 빠져서 헤어나지 못할 때 비로소 실패하는 것이다. 미국의 사학자 카베트 로버트는 "당신이 넘어지지 않는다면 아무도 당신을 넘어뜨릴 수 없다" 고 말했다.

우리는 세상 속에 살고 있다. 모든 일이 마음먹은 대로 순조로울 수는 없다. 당신이 실패를 만났을 때, 암담해서 한 줄기 희망도 없다고 느낄 때, 마치 어떤 해결책도 없는 것처럼 보일 때, 당신은 무엇을 할 것인가? 아무것도 할 수 없다며 그대로 주저앉고 말 것인가? 모든 역경 속에는 희망의 싹이 있다. 당신이 신념을 가지고 용감하게 일어난다면 기적은 발생한다.

미국 작가 오 헨리는 〈마지막 잎새〉에서 하나의 일화를 우리에게 들려준다.

생명이 꺼져 가는 한 환자가 병실 밖의 한 그루 나무를 보았다. 하루가 다르게 떨어지는 잎들을 보며 자신도 하루가 다르게 나빠진다고 생각했다.

"저 나뭇잎이 다 떨어지면 나도 죽을 거야."

화가가 이 사실을 알고 푸른 잎을 그려 나뭇가지에 걸어 놓는다. 마지막 한 잎은 떨어지지 않았고, 환자는 기적처럼 살아났다.

많은 것들이 없어도 살 수 있다. 그러나 희망이 없어서는 곤란하다. 희망이 있으면 자신감을 가지게 되고, 우리의 생명은 꺼지지 않는다.

한 청년이 마이크로소프트사에 응시를 했다. 이 회사는 구인 공고를 낸 적이 없었다. 이상하게 여긴 사장이 청년에게 물었더니, 청년은 우연히 이곳을 지나다가 응시할 결심을 했다는 것이었다. 사장은 청년이 좀 특이하게 여겨져서 관례를 깨고 테스트를 해보자고 했다. 테스트 결과는 썩 만족스럽지 않았다. 청년은 사전 준비가 부족했다고 말했고, 사장은 지나가는 말로 준비가 되면 다시 오라고 말했다. 일주일 후 청년은 다시 회사를 찾았다. 이번에도 역시 성공하지 못 했지만, 그는 지난번보다 많이 향상되어 있었다. 이렇게 5번이나 회사의 문턱을 드나든 청년은 결국 합격했고, 회사의 주요 인재로 성장했다. 4번째 낙방에서 좌절하고 말았다면 그는 실패자가 되었을 것이다.

인생 여정에는 도처에 늪이 있을 수도 있다. 눈앞에 첩첩산중만 펼쳐지고 아름다운 꽃들은 안 보일 수 있다. 당신의 진실한 신념이 세상의 먼지와 안개에 둘러싸여 자유롭게 날갯짓을 못할 수도 있다. 당신의 고귀한 영혼을 부려 놓을 곳을 찾지 못할 수도 있다. 그럴 때 일수록 용기를 내어 자신에게 외쳐야 한다.

"다시 한 번 해 보자!"

다시 한 번의 시도로 당신은 성공의 피안에 다다를 수 있다.

랄프 슈나이더는 세계적인 시계 제조 기업 율리스나르댕의 CEO다. 사람들이 정밀한 시계 제조업에 종사하면서 가장 자랑스럽게 생각하는 것이 무엇이냐고 묻자 그는 이렇게 답했다.

"영원히 고개 숙이지 않는 것이다. 실패를 가장 큰 적으로 삼는 것이다."

펑싱전신의 100억 자본을 만졌던 여걸 리이엔은 2003년 소니에릭슨이동통신에 합류해서 영업관리 부총재를 맡았다. 당시 세계가 소니 에릭슨을 보는 시선은 곱지 않았다. 소니에릭슨은 일본의 소니와 스위스의 에릭슨이 합작한 회사였는데, 창립 1년이 지나도록 밑바닥을 헤매고 있었다. 리이엔은 생애 처음 최대의 도전에 부딪혔고, 부총재에 오른 후 소니에릭슨에 대해 대대적인 개혁을 시행했다.

리이엔은 소니에릭슨의 판매 지역을 다시 편성했다. 원래의 중부, 남부, 북부, 서부 4개 지역을 현재의 남부, 중부, 북부의 3개 지역으로 재편성하고, 각 지부의 책임 소재를 더 명확히 했다. 이렇게 함으로써 판촉 활동도 강화되었고 관리 루트도 정비되었다. 과거 대리점들이 가졌던 '모든 사람이 관리하는 것은 아무도 관리 안 하는 것과 같다'는 불만도 개선되었다.

2003년 소니에릭슨은 T618, P802라는 브랜드의 특성이 담긴 제품을 내놓았다. 획기적인 체제 정비와 개성적인 제품 출시로 소니에릭슨은 다시 태어나는 계기가 되었다. 리이엔이 대대적인 개혁을 시행하는 과정에서 한 번도 실패하지 않았을 거라고 상상하기는 어렵다. 자금 부족, 구성원들의 반발 등 많은 실패를 겪었을 것이다. 그럼에도 그녀는 결국 성공했다. 성공했기 때문에 포기하지 않은 것이 아니다. 포기하지 않았기 때문에 성공한 것이다.

좌절과 실패 속에서도 다시 깃발을 꽂아라. 혼란 중에서도 변화를 모색하라. 모색의 과정 속에서 장애물을 만나 성공하지 못할 수도 있다. 그러나 끝까지 견딜 때 비로소 성공이 당신의 손에 잡힌다.

키포인트

자신의 방법이 옳은지 아닌지에 대해 회의할 때, 당신이 자신감을 잃었을 때, 한 줄기 희망의 빛이 나타난다. 제일 마지막까지 자신과 견디고 싸워 나가면 성공은 당신을 향해 손을 흔든다.

06

협력과 경쟁 모두 이익을 위한 것이다

스미스 원칙

미국의 한 중견 회사 회장 요한 스미스는 격렬한 경쟁 속에서 기업을 경영하며 몸소 겪었던 경험담을 이렇게 요약한다.

"당신이 상대방을 이길 수 없다면 상대방 속으로 들어가라."

영원한 적은 없고 영원한 이익만 있을 뿐이다. 협력을 하든 경쟁을 하든, 모두 자신의 이익을 위해서다. 종전의 기업들이 취해 왔던 방식은 경쟁자를 무너뜨려 시장에서 물리치는 것이었다. 지금은 종전의 경쟁 방식에 근본적인 변화가 일어났다. 기업은 자신의 생존과 발전을 위해 경쟁 기업과 협력 관계를 유지하거나 전략 동맹을 맺는 것이 필요한 것이다. 다시 말해 경쟁을 위한 협력, 협력을 바탕으로 한 경쟁 말이다.

어느 거리에 있는 점포 절반을 소유한 회사가 있었다. 사장은 경비 절감을 위해 일부 점포들에 세를 주기로 했다. 형제 두명이 세를 얻어 식당을 열었고, 장사는 그야말로 대성공이었다. 이 가게를 필두로 많은 음식 가게들이 문을 열었고, 거리는 활기에 넘쳤다. 거리는 얼마 가지 않아 유명한 '맛의 거리'가 되었다.

장사가 잘되는 것을 보고 세를 놓은 사장은 욕심이 났다. 그는 세를 놓았던 모든 점포들을 내쫓았고, 그 자리에서 자신이 식당업을 하기 시작했다. 장사가 잘되었던 맛의 거리는 1개월도 안 돼 썰렁해졌다. 사장은 이상하게 여기고 기업 관리 전문가를 불러 상황을 이해하고자 했다. 주변을 둘러본 전문가는 이렇게 말했다.

"만약 밥을 먹으러 간다면 식당이 하나뿐인 데로 가시겠습니까, 아니면 많은 식당이 밀집되어 있는 곳으로 가시겠습니까? 사장님 가게가 이 거리를 독점하는 것과 거리에 식당이 하나밖에 없는 거랑 뭐가 다릅니까?"

크게 깨달은 사장은 자신의 점포 수를 줄이고 다른 점포들에 세를 주기 시작했다. 얼마 가지 않아 거리는 옛날의 활기를 되찾았다.

경쟁자가 없으면 소비자는 한 회사의 제품을 선택할 수밖에 없다. 소비자들은 단조로움에 금방 싫증을 내고 다른 대체

품을 찾을 것이다. 경쟁자를 다 물리치고 나면 시장을 독점하는 것처럼 보인다. 그러나 사실은 모든 고객을 잃는 것이다. 경쟁자는 시장을 나눠 먹기도 하지만, 다른 한편으로 시장의 파이를 키우기도 한다.

어느 농부의 논에 나무가 세 그루 있었다. 각각의 나무에는 벌들이 살고 있었다. 농부는 저 나무들이 별 쓸모가 없다고 생각하고 베어서 장작으로 쓰려고 했다. 당신이 벌이라고 가정해 보라. 어떻게 하면 농부의 마음을 돌릴 수 있을까?

농부가 첫 번째 나무를 베려고 하자 안에서 벌들이 나와 애원했다. "농부님, 이 나무를 자르면 장작을 얼마나 얻는다고 그러세요? 우리가 매일 꽃가루를 날라주잖아요. 그걸 봐서라도 한 번만 봐주세요." 농부는 고개를 절레절레 흔들며 "너희들이 없어도 다른 벌들이 꽃가루를 날라다 줄 거야'라고 말했다. 그 나무에 살던 벌들은 갈 곳이 없어졌다.

다음날 농부는 두 번째 나무를 베러 갔다. 두 번째 나무에 살던 벌들이 날아와 말했다.

"너무 잔인해요. 우리들의 집을 망가뜨리면 절대 용서하지 않을 거예요!"

그래도 나무를 베려고 하자 농부의 얼굴을 쏘았다. 농부는 몹시 화가 나서 나무를 불태워 버렸다.

농부가 세 번째 나무를 베러 왔을 때, 그 나무에 살던 지혜로운 벌들은 이렇게 말했다.

"지혜로운 농부님, 이 나무들이 가져다 줄 좋은 점을 생각해보세요. 우리들이 매년 많은 꿀을 생산하면 농부님은 경제적 수입이 생긴답니다."

농부는 쥐고 있던 도끼를 내려놓고 꿀벌들과 협력 관계를 맺었다. 농부는 양봉업을 시작하게 되었다. 애원을 하거나 비난을 한다고 해서 상대방의 마음을 바꿀 수는 없다. 상대방의 이익을 말해야 마음을 움직일 수 있다.

오늘날 기업의 경쟁과 협력은 많은 것을 내포하고 있다. 적대 관계이기만 했던 경쟁자들은 서로에게 배우고, 경계를 허문 전략 협력을 통해 자원을 공유하기도 한다. 서로의 장점을 취합하여 윈윈으로 가는 시장 전략이다. 협력을 통해 기업은 발전을 하고, 폭넓고 심층적인 협력을 할 수 있는 기회를 얻게 된다.

키포인트

사람은 이기적이라서 아무 이유도 없이 자신의 이익을 희생하지는 않는다. 협력을 할 때 상대방에게서 얻으려고만 하지 마라. 협력을 하는 것이 협력을 하지 않는 것보다 이익이 됨을 상대방이 알게 하라.

07

다른 사람이 당신보다 더 어리석다고 생각하지 마라
진정한 바보 이론

1593년 비엔나의 한 식물학 교수가 네덜란드의 대학에서 교편을 잡게 되었다. 그는 터키에서 재배하는, 네덜란드 사람들은 한 번도 본 적이 없는 튤립을 가지고 갔다. 네덜란드 사람들은 튤립을 너무 좋아했다. 교수는 큰돈을 벌 욕심으로 튤립에 비싼 가격을 매겼다. 튤립의 가격이 너무 비싸서 일반 사람들은 살 엄두도 내지 못했다. 그러던 어느날 도둑이 들어와서 튤립의 구근을 훔쳐 달아났다. 그리고 교수가 매긴 가격보다 훨씬 싸게 팔아 버렸다. 이렇게 해서 튤립은 네덜란드 일반인의 화원에서 쉽게 볼 수 있는 꽃이 되었다.

이것으로 튤립 소동은 끝을 맺는 듯했다. 그런데 병충해를 입은 튤립 꽃잎에 특이한 무늬가 생기면서 2차 튤립 소동이 발생했다. 병충해 입은 튤립일수록 비싼 값에 팔려 나갔던 것이다. 사람들은 병충해 튤립을 사 모으기 시작했고, 다른 사람들이 더 비싼 값에 자신에게 사 갈 것이라 굳게 믿었다. 너도나도 부자가 될 생각에 튤립을 사들였지만, 튤립에 대한 열광은 얼마 가지 않아 시들해졌다. 튤립 구근값이 양파 한 뿌리값과 같은 시세로 뚝 떨어져 버렸다. 일시적인 이상 현상으로 가격이 천정부지로 솟았지만, 결국 거품은 빠지게 마련이다.

케인즈는 투기 행위는 대중의 심리를 추측하는 데서 비롯된다고 하였다. 선물 거래나 증권 투자도 같은 이치다. 많은 사람이 주식의 실제 가격도 모르면서 돈을 들여 사들인다. 누군가가 자신보다 높은 가격에 살 것이라 믿기 때문이다. 버튼 멜키엘은 케인즈의 관점을 '진정한 바보 이론'으로 정리했다.

디즈니월드가 미국과 일본에서 큰 성공을 거둔 후 경영진은 야심에 부풀었다. 유럽 정복의 환상을 품고 낭만의 도시 파리에 거금을 쏟아 부었다. 1992년에 파리 교외에 디즈니월드를 개장했다. 44억 달러를 투자, 전 면적 2,023헥타르인 공원의 규모는 유례가 없는 것이었다. 디즈니월드 경영진은 첫해에는 적어도 1,100만 명이 공원을 찾을 것이라 예상했다. 이미 270만의 유럽인들은 먼 곳도 마다 않고 미국 디즈니월드를 찾았다. 유럽 인구는 미국보다 많고 휴가 일수도 많다. 성공은 이미 예약된 것이나 다름없다고 생각했다.

경영진은 달콤한 환상에 젖어 있었지만, 뚜껑을 열어보니 그게 아니었다. 고객에게 웃음을 선사하는 디즈니월드였지만, 자신들은 차마 웃을 수가 없었다.

첫째, 부유한 유럽인들은 아주 검소했다. 디즈니월드에 와도 먹을 것을 반드시 들고 왔고, 디즈니월드 안에 있는 숙박 시설은 거들떠보지도 않았다. 플로리다 디즈니월드 고객들은 한 번 묵으면 4일씩 머물렀는데, 유럽인들은 고작해야 이틀이었다. 디즈니월드의 입장료는 42.25달러였고 호텔의 하룻밤 숙박료는 340달러였으니, 검소한 유럽인들은 혀를 내두를 가격이었다.

둘째, 디즈니월드 측은 유럽인들을 이해하지 못했을 뿐 아니라, 유럽 문화도 이해하지 못했다. 개장할 당시 디즈니월드는 공원 내의 음주를 금지했다. 그러나 유럽인들은 점심과 저녁 식사에 즐겨 술을 곁들인다. 디즈니월드는 곧 금주 규정을 취소했다. 금요일은 바쁘고 월요일은 한가할 것이라 예상하고 직원을 배치했지만 상황은 달랐다. 유럽인들은 아침을 먹지 않는다고 생각하고 조찬의 규모를 축소했다. 하지만 모든 고객들은 아침을 원했고, 350개의 좌석에서 2,500인분의 식사를 소화하려다 보니 식당은 혼잡했다.

디즈니월드의 실패는 수치로 정확하게 드러났다. 1993년 9월 30일까지 9.6억 달러를 손해 봤고, 그해 말 누적 손실은 60.4억 프랑에 달했다. 도산 직전에 놓인 디즈니월드는 이자 부담까지 안고 있었다. 부채 44억 달러 중 29억은 60개의 은행에서 대출한 것으로, 이자는 11%에 달했다. 회사는 더 이상 경영에 의지해서는 이자와 관리당할 수가 없었다. 은행 채무 부담으로 새로운 대출을 받는 것도 어려워졌다.

유럽 디즈니월드의 실패 요인은 무엇인가? 핵심적인 것은 그들이 생각하는 디즈니월드의 가치와 유럽인들이 생각하는 가치가 달랐다는 것이다. 물건이나 서비스의 가치는 내가 매기는 것이 아니다. 그 가치는 그것을 구매하는 사람이 결정한다. 당신이 똑똑한 만큼 다른 사람도 똑똑하다. 당신이 바보가 아닌 것처럼 그들도 바보가 아니라고 생각해야 한다. 재화의 실제 가치를 모르면 거품을 일으키는 바보들의 대열에 합류하기 십상이다.

키포인트

당신이 물건의 실제 가치를 고려하지 않고 비싼 값에 그 물건을 사들였다. 어떤 바보가 있어 당신보다 더 많은 돈을 들여 당신에게 그 물건을 사갈 것이라고 예상하고서 말이다. 이것이 유명한 '진정한 바보 이론'이다.

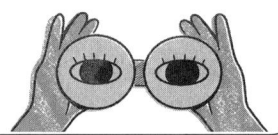

08

중간이 항상 좋은 것은 아니다
3분의1효과

'3분의 1 효과'는 의사결정을 할 때 발생하는 심리적 착오를 말한다. 의사 결정을 할 때 우리는 둘 중에 하나를 택하거나, 여럿 중에 하나를 택해야 하는 상황에 놓인다.

둘 중에 하나를 택하는 것은 어렵다. 그러나 여럿 중에 하나를 택하는 것보다는 쉽다. 여럿 중에 하나를 고르는 것은 선택 대상이 많아짐에 따라 선택의 여지가 많아지기 때문이다. 그래서 선택하는 사람을 종종 혼란에 빠뜨리기도 한다.

3분의 1 효과를 증명하기 위해 어느 사회 심리학자가 작은 실험을 했다. 세 개의 제비뽑기를 만들고, 두 개의 쪽지 위에는 '있음'이라는 글씨를 썼다. 글자가 쓰인 쪽지를 양쪽에 놓고 아무엇도 안 쓰인 쪽지는 중간에 놓았다. 피실험자들에게 하나를 집게 했더니, 대부분의 사람들은 두 번째에 놓인 쪽지를 집었다. 첫 번째와 세 번째 제비를 뽑으려니 마음속에 약간의 동요가 일었던 것이다. 생활 속에서 3분의 1 효과를 가장 잘 엿볼 수 있는 것은 우리가 물건을 구입할 때다. 우리는 상가를 걸으면서 첫 번째 가게에서 물건을 사지는 않는다. 가다 보면 더 좋은 가게를 만날 것 같아서다. 그렇다고 마지막 가게에서 사지는 않는다.

소비자들에게는 후회하는 심리가 있는데, 왠지 앞에서 본 게 더 좋은 듯한 것이다. 만약 가게들이 즐비하게 한눈에 다 보인다면, 보통은 3분의 1 지점에 위치한 가게가 가장 적당해 보인다. 오랫동안 결혼 상담소를 운영해 왔던 관계자의 말을 따르면 노총각, 노처녀 대부분이 '3분의 1 효과'라는 심리 함정에 빠진 사람들이라는 것이다. 특히 조건이 좋은 화이트칼라 여성은 아주 좋은 기회를 만나더라도 지나쳐 버리기 쉽다. 보다 좋은 기회가 여전히 많을 것 같기 때문이다. 그래서 현실과 부합되지 않는 완벽함을 추구하다가 세월은 흘러 버리고 꽃다운 젊음은 가게 된다.

KFC는 위치 선정을 매우 중요시했다. 분점을 개설할 때마다 다음 사항을 늘 염두에 두었다.

첫째, 상권을 나누었다. KFC는 한 도시에 진입할 때마다 관련 부처나 컨설팅 회사를 통해 개점 예정 지역의 시장 조사를 하였다. 상업 지역의 성격에 따라 상권을 따로 분류하였다.

둘째, 분류된 상권을 토대로 어느 상권에 개점할 것인지를 정했다. 이때는 자신이 패스드푸드 업계에서 차지하는 위치를 고려함은 물론 그 상권이 안정적인지, 시장 형성이 활발한지도 고려하였다.

셋째, 상권 안에서 소비자들은 어디에 주로 집중하는지를 정하였다. KFC는 고객이 가장 밀집하는 곳, 그 부근을 개점 지역의 제1목표로 삼았으며, 이것은 지역 선정의 가장 중요한 요소였다.

넷째, 지역을 선정할 때 경쟁사가 고객의 동선을 가로막고 있지는 않은지를 살폈다. 사람들은 특정 브랜드에 대해서 아직 확실한 인지도나 충성도가 없으면 가장 가까운 곳을 선택하게 마련이다.

일련의 세심한 연구를 통해 KFC는 신중하게 새로운 분점을 개설하고 있다.

영화제 시상식 티켓 두 장이 있었다. 많은 영화 배우들이 참석할 것으로 예상돼 모두들 가고 싶었다. 하지만 한 번에 할당되는 표는 두 장뿐이어서 제비뽑기를 하기로 했다. 공평하게 하기 위해 제비를 늘어놓고 뽑게 하고 반장은 마지막에 뽑았다. 모두들 중간 것만 뽑아가고 제일 처음 것과 마지막 것만 남았다. 마지막에 뽑았음에도 반장은 영화제 티켓을 거머쥘 수 있었다. 그것은 왜일까?

반장은 커닝을 하지 않았다. '3분의 1 효과'라는 심리 전술을 잘 활용한 것뿐이다. 티켓을 뽑을 확률은 비슷하다. 하지만 사람들이 느끼기에는 중간에 있는 것을 뽑으면 당첨될 확률이 더 높을 것 같다. 아니다. 설마 그럴까라고 했지만, 제일 앞과 제일 뒤에 행운이 있었던 것이다.

키포인트

중용 철학은 사람들로 하여금 중간을 선택하게끔 한다. 극단을 달리지 않는 것은 좋다. 그러나 3분의 1 효과라는 편견은 많은 기회를 놓쳐 버릴 수 있다. 많은 기회를 잡고 싶으면 3분의 1 효과를 멀리하라.

09

1원 아끼는 것이 1원 버는 것이다
왕용칭 법칙

대만의 타이수 그룹 총재 왕용칭은 늘 강조했다.

"1원 아끼는 것이 1원 버는 것이다."

그의 생각을 타이수 그룹의 직원들은 경전처럼 떠받들었고, 국내외 기업 관리자들은 이것을 '왕용칭 법칙'이라 부른다.

돈을 벌려면 다른 사람들의 도움이 필요하지만, 아끼는 것은 자신에게 달렸다. 생활 속에서 우리는 어떻게 하면 돈을 벌 것인가에 관심을 두지만, 어떻게 아낄 것인가에 대해서는 별 관심을 두지 않는다. 어떤 사람은 그건 너무 쩨쩨하다고 말한다. 돈을 아끼는 것은 분명 돈을 버는 한 방법이다.

빌 게이츠는 친구와 차를 타고 힐튼 호텔에서 열리는 한 모임에 갔다. 약속 시간에 늦었는데 차를 댈 만한 적당한 곳을 찾지 못했다. 친구는 차를 VIP 주차 지역에 대자고 하였다. 친구가 주차비를 내겠다고 했음에도 빌 게이츠는 동의하지 않았다. 그곳은 주차비가 12달러였고, 빌 게이츠에겐 대단히 비싼 가격이었다.

천재 상인은 생각했다. 돈을 쓰는 것과 음식을 만드는 것은 같다. 적재적소에 쓰여야 한다. 소금이 적으면 음식은 아무 맛도 없을 것이고, 소금이 많으면 짜서 먹지 못할 것이다. 설령 1원이라 할지라도 1원의 가치가 충분히 발휘되는 곳에 써야 할 것이다.

'짠돌이' 빌 게이츠의 일화는 또 있다. 어느 여름, 세계 일류 기업의 기업가 32명이 여름 파티를 열었다. 그때 빌게이츠가 입고 간 옷은 태국에 휴가 갔을 때 산 옷으로 10달러도 안 되는 옷이었다. 비싼 옷의 드라이클리닝 값에도 못 미치는 가격이었다. 빌 게이츠는 늘 강조하였다. 자신의 1원을 가장 적절하게 쓰는 사람만이 사업에 성공할 수 있다.

총 자산이 2,700억 달러 이상인 월마트는 포춘 글로벌 500대 기업 가운데 1위인 미국의 대표적 기업이다. 월마트의 성공은 엄격한 관리와 함께 근검절약과도 떼려야 뗄 수가 없다. 월마트가 널리 알려지게 된 것은 기업의 높은 효율과 '큰손'에서 비롯됐다.

월마트의 절약은 종이 한 장에서부터 시작된다. 복사를 하려는데 용지가 없다고 하자. 비서에게 얘기하면 비서는 아무렇지도 않은 듯 이 '상자에 종이가 많으니 한 장 가져다 쓰라'고 할 것이다. 당신이 다시 한 번 더 인쇄할 용지를 찾으면 이런 대답을 들을 것이다.

"우리 회사에는 인쇄용 용지가 없다. 모두 폐기 처분된 보고서 용지 뒷면을 이용한다."

2001년 중국 월마트 정기총회가 열렸을 때, 전국에서 온 지점장들은 아주 평범한 초대소에 머물렀다. 월마트의 근검절약은 직원에게만 국한되지 않는다. 기업의 회장도 솔선수범을 보인다. 월마트의 창업자 샘 월튼은 엄청난 재벌이었지만, 그의 근검절약하는 습관은 바뀐 적이 없었다. 그는 호화 주택을 사본 적이 없으며, 늘 자신의 낡은 화물차를 몰고 다녔다. 5달러짜리 이발을 하며, 출장을 갈 때도 늘 다른 사람과 한방을 썼다.

그런 월마트도 통이 클 때가 있다. 바로 공익 사업에서다. 구두쇠 샘 월튼은 전국에 여러 항목의 장학금을 설치했고, 미국 5개 대학에 수억 달러를 기부하기도 했다.

근검절약이 부 축적의 한 방법이라는 사실은 누구나 다 안다. 그러나 빌 게이츠나 샘 월튼처럼 실천하는 사람은 드물고, 기업의 경영 이념으로 내걸기는 더 힘들 것이다. 흔히 있는 사람이 더 아낀다고 하지만, 사실은 더 아꼈기 때문에 부자가 된 것이다. 적재적소에 필요한 만큼의 돈을 지출하는 것이 진정한 절약이며 경영이다.

키포인트

1원을 어떻게 쓰는지 배웠다면 당신은 어떻게 부자가 되고 어떻게 부를 창출하는지를 배운 것이다.

10

쓸데없는 일에 생명을 낭비하지 마라

무가치 법칙

레너드 번스타인은 유명한 지휘자지만, 그가 가장 마음을 많이 쏟았던 일은 작곡이었다. 번스타인은 미국의 유명한 작곡자이자 음악 평론가인 코플랜드에게 작곡을 배웠고, 틈틈이 지휘 기법에 대해서도 배웠다. 천부적 재능이 있었던 번스타인은 아주 특별한 작품들을 썼고, 음악계의 거장이 되었다.

번스타인이 작곡에 파묻혀 있을 무렵, 뉴욕 필 하모니오케스트라 지휘자의 눈에 띄게 되었다. 이 일이 계기가 되어 나중에 상임 지휘자가 된다. '뉴욕 필하모니 상임 지휘자'는 번스타인의 30년 음악 인생을 집약적으로 보여주는 말처럼 여겨졌다. 그것은 세간의 호의적인 평가일 뿐, 번스타인에게는 괴로운 이름이었다.

"나는 창작을 좋아한다. 그러나 나는 지금 지휘를 하고 있다."

이 모순은 줄곧 번스타인을 괴롭혔다. 무대에서 박수갈채와 꽃다발을 받으면서도 그가 느끼는 고통과 회한을 다른 사람들은 알 리 없었다. 번스타인은 뛰어난 사람이지만 성공한 사람이라고 볼 수는 없다. 그는 평생을 회한과 갈등 속에 살았기 때문이다.

번스타인의 일화는 자신이 사랑하는 것을 선택할 것과 자신이 선택한 것을 사랑하는 것이 중요하다는 점을 우리에게 알려준다. 세상 사람들 모두가 훌륭하다며 박수를 쳐주어도 자신이 그 일에서 가치를 느끼지 못한다면 만족 역시 찾지 못한다.

미국의 유명한 아나운서 월터 크롱카이트는 어려서부터 뉴스에 관심이 많았다. 14살 때 그는 학교 신문의 기자가 되었다. 당시 학교 측은 매주 휴스턴의 한 일간지 기자인 프로이드를 초청해 학생 기자들에게 신문 제작과 편집에 관련된 지도를 하게 했다.

하루는 월터가 학교 육상 선수에 관한 기사를 쓰기로 되었다. 그런데 마침 친구의 생일과 겹쳐 제대로 취재도 안 하고 대충 기사를 써서 제출했다. 다음날 프로이드는 월터를 불러서 화를 냈다.

"네가 쓴 기사는 아주 엉망이야. 인터뷰가 갖추어야 할 것이 하나도 들어가 있지 않아. 인터뷰이에 대한 기본 취재도 전혀 안 되어 있어. 이 말을 명심해. 만약 어떤 일이 할 만한 가치가 있다면 반드시 그 일을 제대로 해야 해."

이 말은 월터를 감동시켰고, 70년 언론계에 종사했던 그의 좌우명이 되었다.

"가장 총명한 사람은 쓸모없는 일에 동요하지 않는 사람이다. 그러나 그는 중요한 일에는 아주 민감하다. 작은 일에 몹시 집착하는 사람은 대개는 큰일에 무능하다."

우리 생활 속에서 이런 일은 허다하다. 작은 일에 연연하는 사람은 자신의 정력을 거기에 다 써버리고 정작 해야 할 가치가 있는 일이 무엇인지는 잊어버린다.

할 만한 가치가 없는 일은 하지 않는 것이 좋다. 이것이 무가치 법칙이다. 사람들은 어떤 일이 할 만한 가치가 없다고 판단하면 그 일에 최선을 다하지 않는다. 설령 일을 잘했을지라도 성취감을 느끼지 못한다.

당신의 직업과 가치관은 일치하는가? 자기 가치관에 맞는 일을 해야 열정을 다할 수 있다. 당신의 개성과 기질에 맞는가? 일이 자신의 성격과 맞지 않으면 그 일을 잘한다는 것은 힘들다. 당신의 직업이 할 만한 가치가 없다고 느낀다면 그 가치가 무엇인지 심각하게 찾아 보아야 한다. 그 직업에서 가치를 느끼고 있는 사람들을 만나 그들의 가치를 물어 보아야 한다. 그렇게 해도 가치를 느낄 수 없다면 당신은 전직을 고려해 봐야 한다.

　새로운 일을 찾는 것은 어려운 일이다. 하지만 가치를 느끼지 못하는 직업에 머무는 것은 실패를 예약하는 것이나 다름없다. 성과 측면의 실패가 아니라 인생 전체의 실패다.

키포인트

무가치 법칙이 우리에게 주는 교훈 : 직원들에게 일에 대한 성취감을 길러주라.
직원들이 성취감을 느낄 수 있도록 하라. 만약 자신이 하고 있는 일이 가치가 있다고 여기면, 직원들은 자신의 모든 열정을 바쳐서 일을 할 것이다.

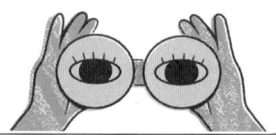

11
- - -

당신이 얼마를 버는가는 당신이 얼마나 아느냐에 달렸다

윌슨 법칙

일본의 니시키는 본래 우산을 생산하는 중소기업이었다. CEO 카와 히로시는 우연한 기회에 인구 실태 보고를 보게 되었다. 일본에서 매년 250만 명의 아기가 태어난다는 사실을 접하고는 카와 히로시는 기저귀야말로 엄청난 잠재 시장이라고 여겼다.

만약 아기 한 명당 1년에 최소한 2개의 일회용 기저귀를 쓴다고 가정해도 1년이면 500만 개가 되었다. 거기다가 국외 시장까지 합치면 시장 규모는 엄청났다. 카와 히로시는 기저귀 생산에 착수했고, 기저귀는 일본 국내는 물론 전 세계로 팔려나갔다. 오늘날 니시키는 세계 기저귀 판매량의 3분의 1을 차지한다.

　카와 히로시는 사소한 보고서 한 구절에서 아이디어를 얻었고, 큰 성공을 거두었다. 카와 히로시의 예리한 관찰력과 시기 적절한 전략이 주효했던 것이다.

　"정보를 제1순위에 놓으라. 그러면 돈은 저절로 굴러 들어온다."

　IBM의 전임 총재 S. M. 윌슨이 제창한 중요한 경제 원칙이다. 사람들은 이 원칙을 다음과 같은 말로 쉽게 요약한다. 당신이 얼마를 버느냐는 당신이 얼마나 아느냐에 달렸다. 정보를 아는 것도 중요하지만 빠른 대응이 담보되어야 한다. 성과는 정보가 아니라 실행에서 나오기 때문이다.

　1988년 봄 전국시계주문회의가 산둥성의 지난 지역에서 열렸다. 회의가 열린 지 이틀이 지났지만, 많은 시계 판매상들은 가격 조사만 할 뿐 주문을 하지 않았다. 셋째 날, 상하이시계는 가격을 30% 이상 낮췄고 어떤 모델은 반값으로 낮췄다. 소식을 듣고 다른 시계 제조상들은 그때서야 회의를 하고 가격을 낮추는 등 대책을 마련했다. 그러는 동안 여러 날이 지나 버렸고, 상하이시계는 이미 시계를 다 팔고 난 뒤였다.

　시계 판매상들의 미지근한 태도를 보고 상하이시계 측은 가격 인하 조치를 내려 신속하게 판매에 들어가 아주 성공적으로 끝낼 수 있었다. 다른 제조상들은 반응이 너무 늦었던 것이다.

1984년 로스앤젤레스 올림픽 개막식 전날, 광동의 지엔리바오 관계자들은 판촉 활동의 절호의 기회가 왔다고 생각했다. 수많은 노력을 기울여 지엔리바오는 올림픽 공식 음료로 지정되었다. 일본 아사히신문은 '중국은 마법의 물**지엔리바오**로 공격에 박차를 가한다'라는 올림픽 특집을 실었고, 중국판 뉴욕데일리와 싱가폴의 연합조보 등 세계의 유명한 신문들은 지엔리바오를 '동방의 마법의 물'이라며 칭찬해 마지 않았다. 세계 각국의 판매상들은 앞다투어 지엔리바오 주문에 들어갔다. 마침내 지엔리바오는 세계적인 브랜드가 되었다.

지엔리바오는 기회를 잘 포착했고, 그것을 적절하게 이용했기 때문에 성공할 수 있었다. 많은 관리자들은 시장 변화 속에서 새로운 기회를 맞는다. 반응이 느려서 좋은 기회를 놓칠 수도 있고, 지나치게 자신의 규칙에 얽매여 다가오는 기회를 소홀히 여겨 다른 사람에게 넘겨 버릴 수도 있다.

경쟁자와 겨룰 때 정보는 아주 중요하다. 《손자병법》에도 있지 않은가. 자신을 알고 남을 알면 백전백승이다. 만약 당신이 우월한 위치에 있어서 어떻게 경쟁자를 물리칠 수 있을까를 고민한다면 괜찮은 경우다. 그러나 많은 경우 승부를 예측할 수 없고, 어떻게 경쟁자를 물리칠지에 대한 확신이 없다. 시장이 자신에게 유리한지조차 알 수 없다. 일본 세이코시계의 일화를 한번 보자.

역대 올림픽 스톱워치는 스위스의 오메가가 독점하고 있었다. 1960년에 열린 국제올림픽회의는 1964년 올림픽을 일본 도쿄에서 열기로 결정했다. 일본 세이코는 지금이야말로 오메가의 아성을 깰 수 있는 좋은 기회라고 여겼다. 오메가를 보다 심층적으로 이해하기 위해 세이코는 우수한 인재들로 구성된 조사팀을 스위스에 파견했다.

조사 결과 오메가 스톱워치는 모두 기계식이라 오차가 크다는 것을 알고 세이코는 오차가 작은 스톱워치 연구에 착수했다. 얼마 되지 않아 세이코는 세계 일류 수준의 951 II 퀼츠 시계를 연구 개발해냈다. 이 시계의 오차는 고작 0.2초였고, 오메가의 오차는 30초 이상이었다. 게다가 당시의 작은 트럭 크기만 했던 스톱워치에 비하면 무게도 3kg밖에 되지 않아 가볍고 정교했다.

951 II 퀼츠 시계의 장점은 올림픽조직위원회의 인정을 받았고, 조직위는 스톱워치의 공식 스폰서를 세이코에게 주기로 하였다. 세이코가 결국 스톱워치 부문에서 오메가를 물리치고 성공한 것이다. 세이코의 성공은 경쟁사를 전면적으로 이해하고 경쟁사의 허점에 대해 적절한 전략을 세운 데 있다.

정보와 전략 실행은 두 개의 수레바퀴다. 어느 한 쪽이라도 빠지면 수레는 굴러가지 않는다. 정보를 모르고 전략을 세우면 헛다리를 짚기 일쑤고, 정보를 알더라도 실행을 하지 않으면 그림의 떡일 뿐이다.

키포인트

변화무쌍한 시장 경쟁에서 지지 않으려면 빠르고 정확한 정보는
필수다. 시장의 새로운 동향, 경쟁사의 새로운 전략 등의 정보를
얻은 후 신속하게 행동을 취하라.

12

가벼운 긴장이 가장 이상적이다

여키스-도슨 법칙

한 사람이 오랫동안 과도한 스트레스에 시달리면 몸은 지탱해 내지 못한다. 심장병, 고혈압 같은 신체적 병을 앓거나 우울증, 신경 불안 같은 정신적 질환을 앓게 된다. 또한 과도한 스트레스는 폭주나 진정제 복용 등 행동의 변화를 초래할 수도 있다. 이런 상태에서 일을 한다면 제대로 될 리가 없다. 그렇다면 반대의 경우는 어떨까. 어떤 스트레스도 없이 일을 한다면 역시 성과가 나지 않을 것이다. 여기저기 실수로 얼룩질 것이며, 창의적인 생각도 기대할 수 없다.

미국의 심리학자 여키스와 그의 제자 도슨은 최초로 스트레스와 성취도 사이의 상관관계를 규명한 사람들이다. 여키스와 도슨은 연구를 통해 스트레스와 성취도 사이에는 역 U자 관계가 성립된다는 사실을 밝혀냈다. 다시 말해 'n'의 형태가 된다는 것이다. 스트레스가 적으면 성취도가 낮다가, 일정한 수준의 스트레스일 때 성취도가 가장 높다. 그러다가 스트레스가 적정 수준을 넘으면 다시 성과가 줄어든다는 이론이다.

적절한 스트레스가 주어지는 가벼운 긴장 상태를 '보리스 베커의 경지'라고도 한다. 세계 랭킹 1위인 독일 출신의 프로 테니스 선수인 보리스는 그랜드 슬램에서 여섯 번이나 우승을 했다. 매번 좋은 성적을 거둘 수 있었던 것은 가벼운 긴장 상태를 유지했기 때문이라는 분석이다.

가벼운 긴장 상태는 특히 중요한 순간에 닥쳤을 때 결정적으로 작용한다. 중요한 국제 경기에서 높이뛰기 선수가 마지막 시도를 할 차례였다. 감독은 "마지막 2센티미터를 뛰어넘으면 갖고 싶었던 별장은 네 거야"라고 말했다. 그 선수는 2센티미터 높아진 마지막 시도에 성공하지 못했다.

반면 22회 올림픽 대회에서 머리 부상을 당한 다이빙의 왕자 루가니스가 마지막 시도를 남기고 있을 때 감독은 다음과 같은 말을 던졌다.

"이 경기 끝나면 집에 가서 엄마가 만든 파이를 먹을 수 있어."

루가니스는 자신의 의지와 정신력으로 능력 이상을 발휘했고, 세계 다이빙 무대를 제패할 수 있었다. 격려용 유혹으로 커다란 집보다 파이가 더 적절했던 것이다. 이것이 역 U자형 이론의 오묘함이다.

운동 심리학자들은 선수들이 지나치게 흥분하거나, 하나도 흥분하지 않을 때 모두 바람직하지 않다고 한다. 적당한 흥분 상태일 때자 신의 가장 좋은 실력을 발휘한다. 마치 풍선에 공기를 넣는 것과 같다. 공기를 너무 많이 넣으면 터져 버리고, 공기가 부족할 때는 쭈글쭈글하다.

심리적 압박은 일에 대한 원동력이다. 일에서 성취감을 얻고자 한다면 자신에게 적절한 스트레스를 가하는 것이 필요하다. 또한 스트레스가 앞을 향해 가는 원동력이 되도록 노력해야 한다. 처음 입사했을 때 당신은 솜털이 보송보송한 젊은이에 불과했을 것이다. 시간이 흐를수록 자신의 가치를 높이고 싶다면 스스로에게 적절한 압력을 줘야 한다.

당신이 만약 신문사에 입사해서 편집부장이 되는 꿈을 가지고 있다고 치자. 당신이 처음 신문사에 들어가면 교정을 본다거나, 독자 투고에 회신을 보내는 등 잡무만을 할 수도 있다. 그렇다고 기죽을 필요는 없다. 작은 일을 잘해내면 상사가 당신의 인내심과 꾸준함을 발견하고 인정을 하는 기회가 올 것이다.

원고를 쓰면서 기자 일을 익혀 가고, 지면 담당 기자로서 자신을 엄격하게 훈련시킨다. 끊임없이 자신에게 채찍질을 가해 기자에서 편집 국장으로의 꿈을 실현시켜 가는 것이다. 적절한 위기감을 가질 때 자신의 잠재적 능력을 끊임없이 발굴할 수 있고 최고를 향한 계단을 딛게 된다.

반면에 자신에게 과도한 요구를 한다거나 심리적 압박을 주면 부작용을 일으킬 수 있다. 당신이 능력에 부치는 직책을 맡으려 한다고 치자. 설령 당신이 온갖 수단을 동원하여 그 자리를 차지했다 치더라도 그 일을 잘할지는 미지수다. 주위 사람들은 사회 초년병인 당신의 성급하고 무모한 일 욕심을 비난할 것이다.

학교를 갓 졸업한 신입 사원이 실수를 하는 것은 당연하다. 경험이 부족하기 때문이다. 그러나 중요한 직책에서 실수를 한다면 그 실수는 더 커 보인다. 게다가 상사의 주문은 많고 당신의 능력은 한계가 있다. 매일의 업무 때문에 머리가 터질 지경이고 스트레스는 당신을 옭아맨다. 당신은 일에 대한 자신감과 추진력을 상실하고 만다. 그래서 스스로의 리듬을 조절하는 것이 필요하고, 정상적인 궤도를 따라 한 걸음 나아가는 것이 중요하다.

우리는 스트레스가 외부에서 오는 것이라고 생각하지만, 실은 자신이 선택하는 것이다. 외부의 상황이 어떻든 어느 정도는 조정이 가능하다. 스트레스를 전혀 받지 않는다면 스스로 적절한 스트레스를 줄 필요가 있다. 반면 너무 과도한 스트레스를 받는다면 마음을 바꿈으로써 스트레스에서 벗어나야 한다. 어느 경우든 목표는 성과라는 점을 잊어서는 안 된다.

키포인트

긍정적인 스트레스는 당신이 더 열심히 업무에 매진하도록 북돋운다. 그러나 부정적인 스트레스는 당신에게 부정적인 영향을 끼치며 생리상, 심리상의 질병을 유발할 수 있다.

사람의 행동심리를
제대로 읽는 레시피 2

행동 심리학의 기본은 욕구를 만족시키는 것이다.

심리학자 매슬로우는 인간의 기본 욕구는 생리 욕구, 안전 욕구, 소속감 과 애정 욕구, 자아존중감 욕구, 자아실현 욕구로 나뉜다고 하였다. 모든 사 람들이 이 다섯 가지 욕구를 가지고 있지만, 욕구가 만족되는 순서는 매슬로 우의 주장처럼 다섯 욕구를 순서대로 밟지는 않는다. 사람들은 하나의 욕구 가 완전히 만족되고 나서 다른 욕구를 느끼는 것이 아니라, 하나의 욕구가 부분적으로 만족된 후 다른 욕구로 전이 되는 경우가 많다. 또는 하위 욕구보 다는 자아존중감 같은 상위 욕구를 더 중요하게 생각하는 사람도 많다.

인간의 다섯 가지 기본 욕구

1. 생리 욕구

먹을 것, 물, 잠, 산소 등 어떤 것 하나가 극도로 결핍될 때 사람은 변한

다. 만약 극도의 갈증 상태에 처한 사람이 있다면 물 이외에 어떤 것도 그 사람의 흥미를 끌지 못한다. 모든 감각 기관은 모두 물에 집중된다. 만약 이런 상황이 장기적으로 지속되면 한 사람의 행위가 육체에서 정신까지 총체적으로 바뀔 수 있다.

2. 안전 욕구

생리 욕구가 일정 부분 만족을 얻으면 새로운 욕구인 안전 욕구가 생긴다. 안전 욕구는 추위, 질병, 위험에서 자신을 보호하려는 욕구이고, 체제나 법률, 질서에 대한 의존적인 정서를 포함한다. 인간 본연의 안전에 대한 욕구는 일상 사물에 대한 편애를 초래하기 쉽다. 조직의 경우는 변혁을 두려워하며 원래의 상태를 유지하려는 경향으로 나타난다. 현재의 상태를 더 이상 지속시킬 수 없을 때는 어쩔 수 없이 부분적인 변화가 일어난다.

3. 소속감과 애정 욕구

생리 욕구와 안전 욕구가 충족되면 소속감과 애정 욕구가 출현한다. 이때 사람들은 타인과의 감정적인 유대를 욕망하고, 자신의 단체나 가정에서 자신의 위치를 확인하려 한다. 특히 현대 공업화 사회는 갈수록 이 욕구들을 저해시키기 때문에 사람들은 더 쉽게 외로움을 느끼고 버려진 느낌을 받는다.

4. 자아존중감 욕구

사람은 누구나 존중받기를 원한다. 자아존중감에는 다른 사람이 자신을 존중해주기 때문에 갖게 되는 자아존중감과 스스로 자기를 높게 생각하는 자아존중감이 있다. 다른 사람을 통해 갖게 되는 자아존중감은 지위, 명성, 위신, 사회적인 평판 등이다. 반면 자신에 의한 자아존중감을 지닌 사람은 내적으로 자신을 가치 있는 사람이라고 생각하므로 안정적이고 독립적이다. 자아존중감을 충족시키지 못하면 열등감, 좌절감, 자기비하 등을 하게 되고, 작은 일이라도 제대로 해내기가 어렵다.

5. 자아실현 욕구

자아실현은 자신의 잠재력을 최대한 발휘시켜 자신이 되고자 하는 사람으로 자신을 만들려는 욕구이다. 위의 네 가지 기본 욕구들이 충족되고 난 후 사람은 새로운 결핍과 불안을 느끼게 된다. 왜 그런가? 자신이 진정으로 좋아하는 일을 하고 싶은 욕구가 생기는 것이다. 사람은 자신의 생물적 본성에 충실해야 한다. 어떻게 보면 자아실현 욕구는 낭만적으로 비칠 수도 있다. 그러나 기본 욕구가 충족된 사람은 반드시 고민해 봐야 한다. 나는 도대체 무엇을 하고 싶은가?

욕구의 층위, 동기 부여 요인과 관리 방법

사람의 욕구는 계속 변화하며, 충족되었다고 해서 다시 발생하지 않는 것은 아니다. 욕구는 부단히 증가한다. 따라서 관리자의 동기 부여 방법도 유동적이고 탄력적이어야 한다.

기본 단계	동기부여 요인	조직에서 취하는 방법
자아 실현	성장	도전적인 업무
	성취	창조적인 조직 환경
	참여	정책 결정 참여 제도
	창조	개인 직업 발전 계획
		사원 교육 제도
존중	직무의 성공적 수행	직무의 명칭
	인정	내부 승진
	지위	상벌 제도
	사회적 평판	책임의 증가
소속감과 애정	동료 간의 우정	협상 제도
	집단 속에서 인정	단체 활동
	상호 신임	소통 제도
안전	직업의 보장	고용 보장
	직업의 안전성	퇴직금 제도
		건강보험 제도
		상해보험 제도

생리	식품	월급과 복지 혜택
	주거	업무 환경과 조건

직원들의 욕구 층위와 그에 상응하는 동기 부여 요소

조직 관리 대책방법의 관계

1. 직원들의 생리 욕구는 기본 욕구다.

만약 직원들이 생리 욕구를 충족시키기 위해서 사방팔방으로 뛰어다녀야 한다면 자신의 일에 전념할 수 없는 것은 당연하다. 이런 상황의 직원이라면 생존을 위해서 겸업을 하는 것도 마다하지 않을 것이다. 임금 인상, 노동조건과 생활 조건의 개선, 복지 증진 등의 방법을 통해 직원들에게 동기 부여를 하고 그들의 적극성을 끌어내도록 한다.

2. 행위 관리학의 관점에서 심리적인 안전에 대한 기대는 아주 중요하다.

안전 욕구를 충족시키는 것을 동기 부여의 매개로 삼아라. 직원들에게 안정적인 일을 제공하라. 회사 사규를 강화시키고 복지 제도를 확립함으로써 직원들에게 심리적 안정을 준다.

3. 소속감과 애정의 욕구를 동기 부여의 원천으로 삼는 사람들에게 일은 사람과 교류하는 기회다.

직원들이 이 욕구를 충족시키고자 한다면 관리자는 직장 동료 사이의 공통 이익을 도모하도록 배려한다. 다시 말해 체육 활동이나 오락 활동을 통해서 서로 간의 유대를 돈독히 할 수 있도록 한다.

4. 자아존중감의 욕구를 충족시켜라.

직원들의 가장 주된 욕구로 존중이 대두될 때, 관리자는 두 가지 측면에서 노력을 기울여야 한다. 첫째, 사내 교육 제도를 통해 직원들의 직무 수행 능력을 향상시켜 그들이 성공적으로 직무를 수행하도록 돕는다. 둘째, 직원들이 업무에서 탁월한 성적을 내면 공개적으로 칭찬하고 표창하며, 독립적으로 일할 수 있는 기회를 더 많이 제공한다.

5. 어떤 일이든 창조성을 발휘할 여지를 두고 있다. 창조성은 모든 사람이 가지기를 희망하는 능력이다.

자아실현 욕구를 충족시키고자 하는 사람은 자신이 가진 창의와 비전을 일에 투여하고자 한다. 회사는 이러한 사람들을 정책 결정에 참여시키고 민주적으로 관리한다. 또한 그들을 중요한 업무에 배치시킴으로써 자신의 가치를 충분히 느끼도록 만든다. 관리자는 업무를 편성하거나 규정을 만들 때, 계획을 집행할 때, 직원들이 주동적으로 자신의 능력을 발휘할 수 있는 여지를 남겨 두어야 한다.

욕구를 알면 사람의 행위를 이해하기 쉽다. 관리자는 직원들의 욕구를 이해하고 그에 상응하는 동기 부여 요소를 찾아야 한다. 적절한 방법을 통해 직원들의 욕구를 충족시켜 주고 행동을 이끌어줘야 한다. 이렇게 될 때 조직의 목표는 효과적으로 달성된다.

쓰레기통에서 건져낸 물건이 유용한 이유는 두 가지다. 첫째, 그것은 버려진 물건들이기 때문에 소유자의 인식에서 사라진 것들이다. 그렇기 때문에 지금 사용하고 있는 물건들보다 남에게 어떻게 보일지 더 신경 쓰게 된다. 둘째, 쓰레기통 안의 내용물들은 실제로 일어난 행동들을 반영한다. 우리가 언젠가는 해 볼지도 모른다고 생각하는 일이 아니라, 이미 일어난 행동을 반영하는 것이다.

_ 샘 고슬링의 《스눕》 중에서

3장

소통 심리학

관리는 사람을 사귀는 것이다.

사소한 행동 하나로
- - - - - - - - - - - - -
결정적인 변화를
- - - - - - - - - -
만들어내는 행동심리학
- - - - - - - - - - - - - -

관리는 소통에서 시작된다
꿀벌춤 법칙

이 세상에 혼자 살아갈 수 있는 동물은 없다. 다양한 방식으로 서로 소통해야만 생존이 가능하다. 꿀이 있는 곳을 탐사하러 나갔던 일벌은 춤으로 동료들에게 꿀의 진원지를 알린다. 서로의 소통을 마친 꿀벌들은 함께 꿀을 따러 나선다

오스트리아 생물학자 프리시는 세심한 관찰을 통해 꿀벌춤의 비밀을 밝혀냈다. 꿀벌의 춤은 원무와 꼬리춤이 있다. 집으로 돌아온 일벌이 빙빙 도는 원무를 추면 꿀이 있는 곳이 멀지 않다는 의미이다. 반면 꼬리춤을 추면 꿀이 있는 곳이 멀다는 뜻이다. 일벌은 8자 모양의 춤을 추면서 원들이 만나는 지점으로 꿀이 있는 방향을 가리킨다. 꿀벌이 춤을 출 때 고개 방향은

꿀의 위치와 관련이 있는데, 가령 고개를 위로 향하면 꿀은 태양 방향에 있다는 뜻이다.

이것이 관리 심리학에서 말하는 꿀벌춤 법칙이다. 관리자는 꿀을 모으는 꿀벌처럼 다양한 소통 방식들을 수용할 수 있어야 한다. 유명한 관리학자 버나드는 "소통은 조직을 하나로 묶는 구실을 하며, 공통 목표 실현의 수단이다"라고 말했다.

한 연구 조사에 의하면, 관리 중 발생하는 실수의 70%는 소통의 실패에 있다고 한다. 이렇듯 소통은 정말 중요하다. 우리는 모든 관계가 더 화목하고 진실해지기를 원한다. 특히 경쟁이 치열한 시장에서 기업은 한마음으로 뭉친 단단한 조직을 꿈꾼다. 고객과 주주와 거래처, 사회, 정부, 언론 매체와 건전한 관계 맺기를 바라고, 그 속에서 바람직한 기업 이미지 만들기를 희망한다.

위에서 제기한 문제의 해결 방안은 그리 단순하지만은 않다. 그러나 그 해결의 시작은 항상 소통이다. 소통이 만능은 아니지만, 소통이 없어서는 결코 안 된다.

때로는 소통이 우리의 생과 사를 결정할 수도 있다.

1990년 1월 25일 콜럼비아 아비앙까 52편의 기장과 뉴욕 케네디 공항 관제탑의 소통 장애는 72명이 사망하는 참사를 가져왔다. 1월 25일 저녁 7시 40분 아비앙까 52편은 뉴저지 해안 상공을 11,277미터의 높이로 날고 있었다. 남은 연료는 두 시간 분량밖에 되지 않았지만, 케네디 공항에는 30분이면 충분히 도착할 수 있었다.

저녁 8시 케네디 공항 관제탑에서 심각한 교통 문제가 발생했다고 신호를 보내와 아비앙까 52편은 착륙이 지연된 채 공중에서 대기할 수밖에 없었다. 8시 45분이 되자 부기장은 연료가 얼마 남지 않았다는 사실을 관제탑에 보고했다. 관제탑에서는 여전히 회신이 없었고, 아비앙까 52편 측에서도 위험 신호 사인을 보내지 않았다. 다만 승무원들은 상황이 심상치 않음을 알아차렸다.

9시 24분 아비앙까 52편은 첫 번째 착륙을 시도했지만, 고도가 너무 낮고 시야가 흐려서 안전한 착륙을 할 수가 없었다. 2차 착륙 시도 시 승무원들이 연료가 부족하다는 걸 언급했음에도 기장은 관제탑에서 지정받은 새로운 활주로로 착륙하겠다는 신호를 보냈다. 9시 32분 비행기 엔진이 제대로 작동하지 않았고, 1분 후 두 날개도 아예 작동하지 않았다. 연료가 없는 비행기는 섬에 추락하고 말았다.

현장 감시반이 블랙박스를 분해한 결과, 결정적 원인은 원활하지 못한 소통에 있다는 걸 알았다. 왜 간단한 소식을 정확하게 전달하지 못했으며, 또 충분히 접수하지 못했을까?

우선 기장이 연료가 부족하다고 말했음에도 관제탑은 늘 있는 일이라 여겼다. 비행기가 연착되면 모든 비행기들은 연료 부족의 문제에 부딪힌다. 그러나 기장이 연료 부족으로 아주 긴급한 상황이라고 했다면, 관제탑에서는 관례를 깨고서 아비앙까 52편을 먼저 착륙시키려 했을 것이다. 기장은 긴급한 상황임을 알리지 않아 관제탑에서는 비행기가 처한 심각한 상황을 몰랐다.

기장의 어투 역시 심각한 상황을 반영하지 못했다. 관제탑 직원들은 기장의 말투나 어조를 통해서도 비행기의 각종 상황들을 추측할 수 있도록 전문적으로 훈련을 받는다. 비행기가 위급 상황에 처했음에도 아비앙까 52편 측은 냉정하고 직업적인 태도로 일관했다.

사회적 동물인 인간에게 소통 능력은 필수적인 능력이다. 소통 능력이 뛰어난 사람은 진급을 할수록 좋은 성과를 내지만, 소통 능력이 떨어지는 사람은 위로 올라갈수록 문제를 만들어 낸다.

키포인트

꿀벌춤 법칙은 다음 사실을 알려준다. 정보를 획득했을 때 사람은 적극적으로 행동을 취할 수 있다. 조직은 소통을 강화해야 관리 효과를 개선할 수 있다.

소통에 능숙한 사람만이 재난을 피할 수 있다.

피뢰침 효과

피뢰침이란 번개를 도중에 차단하여 그 전류를 지하로 전송시킴으로써 벼락의 피해에서 구조물을 보호하는 금속 막대다. 벼락은 인근의 가장 높은 물체에 떨어지는 경향이 있기 때문에 피뢰침은 구조물의 가장 높은 곳에 위치하게 되고, 저항이 작은 전선을 통해 땅속 접지부와 연결된다. 금속 막대기의 뾰족한 끝이 전류를 방출하면 점차 중화가 된다. 피뢰침은 전류의 방향을 구조물의 부도체 부위로부터 전환시키기 때문에 건물을 벼락의 위험에서 보호할 수 있다. 이것이 유명한 피뢰침 효과다.

피뢰침 효과는 관리 심리학에 응용하면 이렇다.

'소통에 능하라. 그러면 안전해진다.'

중국 대외경제무역합작부장 롱용투는 중국이 WHO에 가입할 당시 비서 한 명을 두었다. 사람들은 그 비서가 적임자가 아니라며 말이 많았다. 사람들의 생각에 비서란 성실하며 말이 적고, 신중하게 일을 처리해야 하며, 상관에게 부드러워야 하는 것이었다.

반면 롱용투의 비서는 완전히 달랐다. 말이 많은 것은 물론 다른 사람을 잘 보살피지도 못했다. 매번 출국할 때마다 비서는 늦잠을 자기 일쑤였고, 롱용투의 스케줄도 잘못 알고 있을 때가 많았다. 하지만 롱용투는 여전히 이비서를 대동했다.

롱용투는 협상에 어려움을 겪으며 심리적 압박을 받으면 한 마디 말도 않기가 일쑤었다. 다른 사람들이 감히 롱용투에게 접근을 못할 때 비서는 달랐다. 큰 목소리로 방문을 열고 들어와서는 "오늘 어떤 얘기를 들었느냐", "당신이 한 얘기가 꼭 옳다고 할 수 없다" 등등 얘기를 늘어놓았다. 롱용투를 한 번도 부장이라고 부르지 않고 '라오롱**롱형**', '용투'라고만 불렀다. 비서는 항상 엉뚱한 발상을 해서 롱용투가 나무라곤 했다.

비서의 가장 큰 장점은 어떤 비난도 잘 참아 내는 것이었다. 어떻게 욕을 해도 5분도 채 안 되어 "아휴, 용투, 금방 말하는 방식이 좀 틀렸어"라고 대꾸했다.

이 비서는 학자 타입이라고 볼 수 있다. 세상일에 무신경하고 자신에 대한 비판에 민감하지 못하다. 하지만 비서는 진정한 WHO 전문가라 할 만하다. 롱용투가 협상 일로 신경이 곤두서 있을 때면 전혀 다른 방식으로 롱용투를 대했고, 다른 곳에서는 전혀 들을 수 없는 얘기를 했던 것이다.

중국 남조 시대에 제나라의 고 황제와 서예가 왕승건이 서예를 공부하고 있었다. 하루는 황제가 왕승건에게 물었다.

"자네 생각에 우리 둘 중 누구의 글씨가 더 나은 것 같나?"

왕승건은 대답하기가 곤란했다. 황제의 글씨가 낫다고 하면 본심이 아닌데다 아부하는 것이 역력했고 좀 우습기도 했다. 황제가 이런 웃긴 말을 듣고 좋아할 것 같지는 않았다. 자신이 낫다고 하면 황제 체면이 말이 아니고, 자칫 잘못했다가는 군신 사이의 관계를 해칠 것이 분명했다.

왕승건의 대답은 아주 절묘했다.

"저의 글씨는 신하 중에 제일 낫고, 폐하의 글씨는 임금 중에 가장 으뜸이십니다."

황제는 몇 명이 안 되지만 신하는 셀 수 없이 많다. 말 속에 담긴 속 뜻은 너무도 분명했다. 황제는 왕승건의 의도를 알아차리고 웃음을 터뜨렸다. 그리고 다시는 이 문제를 거론하지 않았다.

키포인트

피뢰침 효과는 실제 생활에서 다음 두 가지 방면에 응용해 볼 수 있다. 첫째, 조직의 리더는 직원들의 심리, 사상에 관심을 가지고 직원들과 적극적인 교류를 가지도록 해야 한다.

둘째, 개인은 자신의 기분을 잘 조절할 줄 알아야 하고, 자신에게 심리 문제가 있다면 바로잡을 수 있어야 한다.

03

불만을 해소하는 창구를 만들라

불만 효과

회사마다 업무에 불만을 토로하는 사람들이 있기 마련이다. 이런 회사는 불만이 없거나 불만을 속에 꾹 담고 있는 사람들이 있는 회사보다 성공할 확률이 높다. 이 효과를 주장한 사람은 하버드대학 심리학과 교수 매이어다. '불만 효과'는 하버드대학 심리학과가 행한 의미 있는 실험에서 비롯됐다.

시카고의 교외에 전화 교환기를 생산하는 공장이 있었다. 공장은 각종 생활 시설이나 오락 시설이 잘 갖춰져 있었고, 사회 보장이나 노후 연금 같은 복지도 상당이 좋았다. 그런데도 생산성은 신통치 않았다. 원인 찾기에 실패한 공장장은 하버드대학에 도움을 요청했다. 하버드 대학은 매이어 교수 지도 하에 전문가 그룹을 파견해서 조사를 시작했다.

조사 과정에서 휴식 시간이나 임금 등 객관적인 조건의 개선은 애초에 예상한 생산성의 효율을 가져오지 못했다는 점이 발견되었다. 대신에 노동자들의 심리 상태, 책임감 같은 주관적 요인이 생산 효율과 밀접한 관련이 있었고 큰 영향을 미치고 있었다.

특히 주목해야 할 것은 연구팀이 진행한 '말하기 실험'이다. 연구팀은 개별적으로 직원을 찾아가 이야기를 나누었는데, 여기에는 규칙이 있었다. 직원들이 각종 불만을 말할 때 연구원은 절대로 그 말에 반박하거나 나무라서는 안 된다는 것이다.

'말하기 실험' 프로젝트가 진행된 2년 동안 연구원들이 공장 직원과 대화한 횟수는 2만 회가 넘었다. 그런데 그 사이 놀라운 일이 벌어졌다. 객관적인 조건의 개선이 없었는데도 공장의 생산성이 큰 폭으로 성장한 것이다. 원인은 직원들의 불만 해소였다.

직원들은 오랫동안 회사에 불만을 품고 있었지만 토로할 방법을 찾지 못했다. '말하기 실험'은 직원들 내부에 있는 불만을 쏟아 내게 했고, 직원들은 속 시원함을 맛보았다. 그래서 일을 할 때도 예전과 달리 적극적이었다. 이를 불만 효과라 하기도 하고, 공장의 이름을 따서 호슨 효과라고 부르기도 한다.

우리는 많은 욕망을 가지고 있지만 실현되는 욕망은 많지 않다. 실현되지 못한 욕망이나 만족되지 못한 기분을 절대 속으로만 삭이고 있어서는 안 된다. 그것들을 분출시킬 때만이 심신이 건강해지고 일에 대한 능률도 배가된다.

파나소닉의 모든 공장에는 흡연실이 있다. 흡연실 안에는 창업자 마쓰시다 고노스케와 흡사한 큰 동상이 있다. 직원들은 대나무를 들고 불만이 사라질 때까지 그를 마음껏 때릴 수 있다. 실컷 때리고 나면 스피커에서는 마쓰시다 고노스케의 음성이 흘러나온다.

"이것은 환상이 아니다. 우리는 같은 나라에서 태어났으니 서로 마음이 통한다. 함께 손을 맞잡고 평화를 구하자. 일본을 부유하고 행복한 나라로 만들자. 일을 할 때는 서로의 의견이 다를 수 있다. 그렇지만 기억하라. 일본인에게는 오로지 하나의 목표가 있다. 민족이 강해지고 화목해지는 것. 오늘부터 이 말은 결코 환상이 아니다!"

이런 방법을 통해 파나소닉의 직원들은 시종일관 적극적인 태도로 업무에 임할 수 있었던 것이다.

미국의 일부 기업들은 Hop Day**불만 토로일**라는 제두를 도입하기도 했다. 매월 하루를 정해 직원들이 불만을 해소하도록 하는 것이다. 그날 직원들은 회사나 상사에 대해 무엇이든 대놓고 말할 수 있으며 농담을 할 수도 있다. 이때 관리자나 경영자가 화를 내는 것은 금물이다. 이런 일련의 형식들은 직원들의 부정적 감정들을 해소하게 만들며, 업무에서 오는 스트레스를 감소시킨다. 당연히 일에 대한 효율은 증가한다.

불만을 토로하든 건의를 하든, 기본적으로 깔려 있어야 할 것은 '소통'이다. 소통이 원활할 때 높은 효과를 거둘 수 있다. 기업은 직원 상호간의 인정, 신뢰와 협조를 필요로 한다. 같이 일하는 사람들은 같은 사무실에 근무하지 않더라도 한마음이어야 하며, 그렇게 될 때만 이 조직은 효과적으로 운영된다. 직원과 직원 간의 단절, 시기, 의심, 충돌은 개인의 능력 발휘를 막을 뿐 아니라, 집단의 이익 창출에도 손해를 가져온다.

무엇이든 막혀 있는 것은 좋지 않다. 혈관이 막히면 병이 생기고, 물길이 막히면 수질이 떨어진다. 마음속의 불만이 토로되지 않고 막혀 있으면 생산성은 향상되지 않는다.

키포인트

효과적인 소통 수단을 만들어라, 직원들에게 동기를 부여하고, 그들의 욕구와 감정을 이해하여 효과적으로 이끌어라. 이렇게 하면 기업은 최대의 이윤을 낼 수 있다.

자신의 고슴도치를 남에게 주지 마라

투사 효과

투사 효과는 다른 사람들도 자신과 비슷하다고 생각하는 것을 말한다. 자신이 어떤 특성을 가지고 있다면 다른 사람도 같은 특성을 가지고 있을 거라 단정해 버린다. 자신의 감정, 의지를 다른 사람에게 투사한다. 타인과 교류할 때 다른 사람들도 자신과 같은 특징, 취미, 경향을 가지고 있어서 당연히 자신의 생각을 알고 있다고 여긴다. 인식의 장애가 발생하는 것이다.

투사 효과의 표현 방식에는 두 가지가 있다.

첫째, 감정의 투사다. 다른 사람의 기호가 자신과 같다고 여기고 자신이 정한 틀 속으로 다른 사람을 집어넣는다. 이런 사

관리는 사람을 사귀는 것이다.

람들은 대화를 할 때 자신이 좋아하는 주제에서 벗어나는 것을 싫어한다. 이때 다른 사람이 관심이 있는지, 듣고 싶지 않는지는 개의치 않는다. 상대방이 공감하지 않으면, 배려가 적고 자신을 잘 이해하지 못한다고 여긴다.

둘째, 객관성이 결여된 인식을 한다. 자신이 좋아하는 사람이나 사물은 점점 더 좋아하고, 보면 볼수록 장점이 많다고 느낀다. 그래서 지나치게 칭찬하거나 추켜세운다. 그러나 싫어하는 것에 대해서는 정 반대다. 지나치게 질책을 해서 상처를 주기도 한다. 자신이 좋아하는 것은 아름답고 좋은 것이고, 자신이 싫어하는 것은 추하고 혐오스러운 것이다. 자신의 감정을 다른 사람, 사물에 투사하여 미화시키거나 추하게 만들어 버리는 심리적 경향은 객관성이 없다. 그래서 주관적으로 판단하고 편견의 늪에 빠진다.

한 출판사에서 기획 회의를 하고 있었는데, 재미있는 현상이 발생했다. 편집부 직원들이 현재 관심갖는 분야에 따라 선정하는 주제들이 각각 달랐다.

A는 평생교육대학원에 진학 중이었다. 그는 '졸업 논문 쓰는 법'이란 주제를 택했다.

B의 딸은 유치원에 다니고 있었다. 그녀가 택한 주제는 '학령 전 아동들의 필독 도서'였다.

C는 바둑 두는 것을 좋아했다. 그는 '섭위평의 바둑 비법 분석'을 선택했다.

심리학자들은 사람들이 일상생활에서 자신도 모르게 자신과 다른 사람을 동일화한다고 보았다. 자신이 거짓말을 잘하면 다른 사람도 자신을 속인다고 생각한다. 자신이 느끼기에 자신이 우수하다면 다른 사람도 자신을 뛰어난 사람으로 여긴다고 생각한다.

송대의 유명한 학자 소동파와 불인 스님은 절친한 벗이었다. 하루는 소동파가 불인을 만나러 가서 "자네는 한 무더기 개똥이야"라고 농담을 건넸다. 불인은 오히려 웃으며 "자네는 금불상일세"라고 말했다. 소동파는 자신이 득을 본 것 같아 의기양양해서 집으로 돌아와 누이동생에게 낮에 있었던 일을 말했다. 누이동생의 말을 들은 소동파는 무릎을 칠 수밖에 없었다.

"오라버니가 틀렸어요. 불교에 이런 말이 있잖아요. '불심은 저절로 나타나기 마련이어서, 네가 다른 사람을 어떻게 보느냐 하는 것은 곧 네가 자신을 어떻게 보는가를 나타낸다'고 말이에요."

우리 개개인들은 서로 공통점이 있기 마련이고 비슷한 욕망을 가질 수도 있다. 그래서 다른 사람에 대한 추측이 맞을 가능성도 있다. 그러나 개개인의 차이는 결코 간과할 수 없는 것이다. 섣불리 추측했다 가는 낭패를 보기 십상이다.

투사 효과는 다른 사람과 자신의 조건이 여러 방면에서 유사할 때 자주 발생한다. 연령, 성별, 학력이 비슷할 때 자신과 상대방을 동일시 하려는 경향이 있다. 따라서 상대방의 조건이

자신과 비슷할수록 동 일시의 오류에 빠지지 않도록 주의해야
한다.

키포인트

서양 속담에 '자신의 뜰에 있는 고슴도치를 다른 사람에게 주지
마라'는 말이 있다. 자신이 원하지 않는 일을 다른 사람에게 강요
하지 말라는 뜻이다. 이것은 생활의 지혜이자 세상을 살아가는
철학이다.

05

자신의 생각만을 고집하지 마라
고정 관념 효과

똑같은 인물 사진을 보고 한 그룹은 이렇게 묘사했다.

"깊게 패인 두 눈을 보면 마음속에 증오가 있을 것 같다",

"튀어나온 턱은 반성할 기미가 없는 것처럼 보인다."

그런데 다른 그룹은 이렇게 묘사했다.

"깊은 눈은 사상의 깊이를 보여준다",

"튀어나온 턱에서 강한 의지력이 느껴진다."

어떻게 이런 일이 생겼을까? 심리 실험을 진행한 심리학자 보다레브가 한 그룹에게는 사진 속의 인물이 지명 수배자라고 했고, 다른 그룹에게는 과학자라고 말했기 때문이다. 피실험자 들은 같은 인물임에도 사전 정보에 따라 극과 극의 판단을 했던 것이다. 이 실험은 고정 관념의 작용을 잘 보여준다.

고정 관념은 사람의 인식에 커다란 변화를 끼친다. 자신이 평소에 가졌던 생각이 앞으로의 사고에 절대적 영향을 끼치고 사고의 방향을 결정한다. 이전의 경험을 토대로 사고하면 힘도 덜 들고 시간과 정력을 아낄 수 있다. 하지만 고정된 시각으로 문제를 바라보기 때문에 변화를 보지 못한다. 과거의 틀에 얽매여 있기 때문에 새로움을 피하기도 어렵다. 또한 고정 관념에 얽매인 사람은 일을 해결하는 첩경을 발견하기 어렵다.

아이작 아시모프는 평생 400권의 저서를 쓴 SF 작가다. 그는 아주 총명했다. 아이큐 160인 아시모프는 어려서부터 총명하다는 얘기를 들었고, 그래서 늘 득의양양했다. 하루는 자동차 수리를 하는 친구를 만났는데, 그 친구는 아시모프에게 농담 삼아 말했다.

"이봐, 천재. 네가 10초 안에 대답 못할 문제가 하나 있는데, 나하고 내기할래?"

아시모프는 이제까지 한 번도 자신의 아이큐나 반응 능력에 대해서 의심해 본 적이 없었다.

"그래, 좋아."

친구가 문제를 냈다.

"한 농아가 못을 사고 싶었어. 말을 못하니 어떻게 할까 고민했지. 만물상에 이르러 그에게 좋은 생각이 떠올랐어. 두 손가락을 진열대 위에 세우고 다른 한 손은 주먹을 쥐어 두드리는 시늉을 했어. 점원은 금방 알아차리고 망치 하나와 못들을 내왔지. 농아가 나가고 나서 맹인 한 명이 상점에 들어왔어. 그는 가위를 사고 싶었거든. 맹인은 어떻게 했을까?"

아시모프는 정말 바보 같은 질문이라고 생각하며 금방 대답했다.

"집게손가락과 가운뎃손가락으로 자르는 시늉을 했겠지."

아시모프는 손가락 동작을 해보였다. 그러자 친구는 크게 웃었다.

"틀렸어. 가위를 사고 싶으면 말로 하면 되지, 수화는 왜 해?"

아이큐가 160인 아시모프도 자신이 바보 같았음을 인정하지 않을 수 없었다. 똑똑하거나 교육을 많이 받았거나, 사람은 고정 관념의 영향을 받는다. 머릿속에 형성된 생각의 틀이 일정한 루트를 따라 사고하게 만드는 것이다. 여러분도 생각해 보라. 일상 생활 속에서 '똑똑한 바보'일 때는 없었는지.

물건이 담겨 있는 작은 자루가 있다. 우리가 손을 뻗어 만지자 탁구공이 잡혔다고 치자. 두 번째, 세 번째…… 만져지는 건 모두 탁구공이다. 그러면 우리는 자루에 든 것은 모두 탁구공이라고 생각한다. 그러다가 여섯 번째에 크기가 같은 유리 공을 만졌다. 이제 자루에는 크기가 같은 공들이 있구나라고 생각한다. 계속 만지다가 작은 나무 공을 만졌다면 여기 담겨 있는 건 모두 공이라고 생각한다. 이런 식으로 계속 자루 속을 만지다보면 우리는 또 무슨 생각을 할까?

한정된 범위라면 당신은 여러 번의 접촉을 통해서 전체 모양을 추측할 수 있다. 그렇지만 한정된 범위를 벗어난 것이라면 어떻게 해야 할까? 당신은 다음에 무엇이 일어날지 알 수 없고, 사물의 배후에 숨겨진 것들도 잘 알 수 없다. 이미 가지고 있는 생각의 틀로 단순하게 문제를 추리한다면 '장님이 코끼리 만지는 격'이 될 수밖에 없다.

이미 알고 있는 것으로 미지의 것을 미루어 짐작하는 것은 우리가 세계를 인식해 가는 효과적인 방법임에는 틀림없다. 그러나 단순하게 반복만 하고 성실히 사고하지 않는다면 '생각의 울타리'에 갇혀 버린다.

공부를 할 때나 일을 할 때 탄력적이고 깊게 사고해 보자. 생각을 열어 두자. 지금의 결과에 만족하지 않고, 지금의 발견을 고집하지 않을 때, 지금의 사고에 국한되지 않을 때, 당신은 발전할 수 있다. 경직된 사고를 가진 사람은 세상의 발전 속도를 따라잡지 못하고 뒤처질 수밖에 없다.

키포인트

모든 사물은 변화 속에 있다. 우리가 고정되고 정지된, 일관된 사고로만 사물을 바라본다면 자신의 세계 속에 갇히게 되고 생각의 늪에 빠지게 된다.

06

평등이 없으면 진정한 교류도 없다.
직위 차이 효과

소통의 직위 차이 효과는 캘리포니아 대학의 심리학자들이 기업 내부 소통에 대한 연구를 한 후 얻은 중요한 성과다. 연구에 의하면, 상부에서 온 지시를 직원들의 20% 내지 30%만이 제대로 이해하고 있었다. 또 직원들의 의견이 상부에 반영되는 것은 10%도 되지 않았다. 하지만 수평 교류는 90%의 높은 효율을 보였다. 평등을 토대로 하기 때문이다. 기업내에서 평등하게 교류하는 것이 과연 가능한 것인가를 실험하기 위해서 연구팀은 기업 내에 평등 교류 기구를 두었다.

기구를 통해 경영자와 직원 사이의 소통은 증가하였고, 서로의 가치관, 도덕관, 경영 철학 등의 방면에서 이해하는 부분이 늘어났다. 또 각 업무 사이에서 발생하기 쉬운 정보의 변형도 점차 줄어들었다. 연구팀은 '평등 교류는 소통의 보증 수표다'라는 결론을 내렸다.

조직의 소통을 방해하는 요소는 많다. 아마도 가장 주된 것은 직위 차이에서 오는 심리적 거리감이다. 직위가 다름에 따라 심리적으로도 차이가 생긴다는 것이다. 기업이 효율적으로 운영되려면 생기와 활력이 넘쳐야 한다. 부하 직원들의 상황이 상급자들에게 신속하게 전달되고, 부서 사이에 서로 정보를 공유하며, 전 직원이 합심하여 시장에 맞서야 한다. 이렇게 되려면 효과적인 소통 루트는 필수적이다.

한 조사에 따르면 중간 관리자는 약 60%의 시간을, 고급 관리자는 약 80%의 시간을 사람들과 소통하는 데 쓴다고 한다. 리더십과 기업 발전에 소통이 얼마나 중요한지를 보여주는 대목이다. 인텔의 전 CEO 앤드류 그루브는 이렇게 말했다.

"기업을 이끄는 성공적인 방법은 소통, 소통 그리고 소통이다."

직원들과 소통할 때 직위 차이 효과의 확대를 막으려면 상사는 다음을 명심해야 한다.

첫째, 부하 직원들을 자신의 분신인 양 생각하라.

상사가 어떠한가에 따라 부하 직원도 어떠한지 가늠할 수 있다. 부하 직원이 일을 잘못했다고 탓하기 전에 자신에게 같은 결점은 없는지 살펴 보라. 내가 바르지 않는데 어떻게 다른 사람을 비난할 수 있는지 자문해 보라.

둘째, 원칙의 노예가 되지 마라.

직원들이 생각하는 이상적인 상사는 까다롭지 않으며, 자신들의 임금이나 처우를 위해 노력하며, 자신들과 동고동락할 수 있는 사람이다. 부하 직원들의 마음을 얻고 싶으면 틀에 박힌 원칙보다는 융통성을 더 발휘하라.

그렇다면 직위 차이 효과가 가져올 부정적인 영향을 어떻게 피할 것인가.

첫째, 소통과 교류의 과정에서 관리자는 제일 처음의 정보나 소식을 획득하도록 노력해야 한다. 크라이슬러의 리 아이아코카는 이렇게 지적했다.

"만약에 걸러지고 또 걸러진, 정화되고 소독된 소통 루트가 있다면, 경영자가 바른 정책 결정을 하는 데 하등의 도움이 안 된다. 이런 위험을 피하기 위해 우리는 자신의 주변에 다양한 의견을 가진 사람을 두어야 한다."

둘째, 소통과 교류의 루트를 많이 열어 놓아야 한다. 특히 비정식 루트를 이용하는 데 많은 주의를 기울여야 한다.

셋째, 부하 직원과 평등함을 유지하며 소통하고 교류하여야 한다.

이렇게 하면 상급자와 하급자의 구분을 느끼지 않으므로 소통의 효과는 90% 이상이다.

많은 기업들이 소통을 강조한다. 그러나 효과적인 소통 루트를 만드는 것은 소홀히 한다. 기업의 규모가 크지 않을 때는 소통의 문제가 크게 두드러지지 않는다. 하지만 기업의 규모가 커지면 사정은 달라진다. 소통의 문제가 기업 발전의 걸림돌이 될지도 모른다.

기업 내에서 정보 교류는 세 가지 종류가 있다. 위에서 아래로의 정보 교류, 아래에서 위로의 정보 교류, 수평적인 교류. 아래에서 위로 정보가 전달될 때의 가장 큰 문제는 언로가 막혀 있다는 것이다. 관리층이 증가하면서 기층 직원들의 소리가 상부에 전달되기는 극히 어렵다. 문제를 해결하려면 상하 사이, 직위 사이의 벽을 허물고 평등 교류를 하도록 노력해야 한다.

월마트는 이 부분을 성공적으로 해내고 있다. 회사는 언제나 직원들을 향해서 문을 활짝 열어 놓고 있는데, 직원들은 언제, 어느 때, 또 누구라도 발언할 수 있다. 구두 형식이든 서면 형식이든, 관리자 혹은 기업 총재와 소통할 수 있는 것이다. 자신이 받았던 불공평한 대우에 대한 불만을 포함해 개선 제안을 할 수도 있고, 자신이 관심 가는 사안에 대해 말할 수도 있다. 회사는 실현 가능한 건의들을 적극적으로 수용해 관리에 이용한다.

월마트에서는 직원들이 회장을 만나기 위해 본점에 오는 경우가 많다. 회장인 월튼은 언제나 인내심 있게 직원들을 맞아주며 그들의 이야기를 경청한다. 만약 직원들의 의견이나 건의가 합당하다면 그 문제들을 해결해주고자 노력한다. 월튼은 회사의 모든 관리자들에게 이런 자세를 가지도록 당부하며, 형식적으로 일을 처리하지 말 것을 경고한다. 월마트는 직원들을 정신적으로 격려하는 것을 중요하게 여기며, 본점과 각 매장의 게시판에는 우수한 직원들의 사진이 걸려 있다.

평등을 강조한다고 해서 상사의 권위를 부정하는 것은 아니다. 오히려 평등을 통한 소통이 되어야 권위도 제 역할을 할 수 있다. 권위는 업무 지시의 효율성을 위한 것이다. 따라서 소통이 되지 않으면 권위는 무용지물에 불과하다.

키포인트

상급자 심리와 하급자 심리는 조직 내 구성원끼리 소통이나 교류를 할 때 객관적으로 존재한다. 이런 심리가 조직 내의 상하 관계를 유지하고 질서를 확립한다는 측면에서는 이점도 있다. 그러나 부정적인 측면이 더 많다. 조직 구성원 간에 소통 장애와 심리적 단절을 초래해서 조직을 소모적으로 만들 가능성이 있다.

07

먼저 들어온 것이 생각을 지배한다.

첫인상 효과

첫인상 효과란 처음 접한 사람이나 사물이 깊은 인상을 남기는 것을 말한다. 첫인상은 우리 일상생활에 크게 작용하고, 지속되는 시간도 길다. 그래서 이후에 어떤 정보를 접하더라도 첫인상에는 못 미친다.

한 심리학자가 다음과 같은 실험을 하였다. 실력이 비슷한 두 명의 학생에게 30문제를 풀게 하였다. 문제가 어려워서 두 명 모두 반 정도밖에 맞히지 못했다. 심리학자는 A의 시험지는 맞힌 문제를 가급적 앞에 배치하고 B의 시험지는 틀린 문제를 가급적 앞에 배치한 후, 사람들에게 A와 B의 시험지를 보여줬다. 대부분의 사람들은 A가 더 총명하다고 여겼다.

사람들은 다른 사람에게 좋은 인상을 남기려고 애쓴다. 심리학자들이 생각하기에 첫인상은 성별, 연령, 복장, 얼굴 표정 등 외모의 특징에서 기인한다. 일반적으로 사람의 태도, 말씨, 복장 등은 그 사람의 내면, 교양, 개성을 반영한다. 졸부가 아무리 옷을 잘 차려 입었다 하더라도 그의 행동거지에서 품위 있는 사람들의 우아함을 만들어 낼 수는 없는 것이다.

그러나 '길이 멀수록 말의 능력을 알 수 있고, 세월이 지날수록 사람의 마음을 알 수 있다'는 말처럼 첫인상으로 사람을 판단하다 만회할 수 없는 잘못을 저지르는 경우를 본다.

《삼국지》의 봉추가 오나라를 위해서 손권을 만나러 갈 때였다. 손권은 못생긴 얼굴의 봉추가 오만한 것을 보고 기분이 나빴다. 인재를 잘 발탁했던 손권은 제갈량과 어깨를 나란히 하는 이 기이한 천재를 거절하고 말았다. 노숙이 충고했음에도 아무 소용이 없었다. 알다시피 예절, 외모, 재능은 서로 관련이 없다. 재능이 있는 사람을 잘 기용했던 손권도 첫인상의 영향력에서 벗어날 수 없었던 것이다.

심리학자들에 따르면, 첫인상 효과는 짧은 시간 내에 단편적인 자료에 의해 형성된다고 한다. 처음 사람을 만나면 45초 안에 첫인상이 결정된다는 것이다. 제일 처음의 인상이 사고를 지배하는 것은 주관적인 경향이 짙고, 첫인상은 다음에 일어날 행동에 영향을 끼친다.

심리학자들은 외부 세계의 정보를 뇌 속에 받아들이는 순서가 인지 효과에 끼치는 영향을 결코 무시할 수는 없다고 보았다. 가장 먼저 받아들인 정보의 작용이 가장 크고, 제일 나중에 받아들인 정보도 비교적 큰 작용을 한다. 문제는 뒤에 들어온 정보는 앞에 들어온 정보가 제공하는 바탕으로 해석되기 쉽다는 것이다. 앞뒤 정보가 일치하지 않으면 먼저 들어온 정보를 따름으로써 전체 인상을 통일시킨다는 것이다.

첫인상 효과는 이상한 풍속도를 낳았다. 어떤 사람은 외모로 피해를 보고, 어떤 사람은 외모로 득을 본다. 그래서 요즘 대학생들은 취업을 위해 성형외과로 달려가기도 한다. 외모가 좋지 못하다고 해서 성형할 필요는 없다. 심리학을 조금이라도 이해하고 있는 사람이라면 첫인상 효과를 잘 이용하여 기회를 선점할 수도 있다.

첫인상을 바꾸긴 어려워도 다른 사람과 교류할 때 우리는 좋은 첫인상을 남기도록 노력해야 한다. 물론 첫인상에만 기댈 수는 없고, 교류가 깊어짐에 따라 당신의 진면목이 요구될 것이다. 당신은 언행이 나, 말투, 교양, 예절 등 모든 면에 주의를 기울여야 한다. 첫인상 효과는 사람 관계에서 아주 미묘한 작용을 한다. 당신이 이것을 바르게 파악하고 활용할 때 당신의 사회 관계는 아주 쉬워진다.

첫인상 효과는 개인의 사회 경험과 밀접한 관련이 있다. 만약 당신의 사회 경험이 풍부하다면 첫인상이 끼치는 영향을 최소화시킬 수 있다. 그 외에 꾸준한 학습을 통해 첫인상의 부정적인 효과를 이성적으로 인식하고 경계할 수 있다. 겉으로 드러나는 비본질적인 것에 의해 내린 평가들을 이후의 만남을 통해 수정해 나가는 것이다.

첫인상 효과를 알고 있다면 우리는 얼마든지 그 부정적인 영향력에 서 벗어날 수 있다.

키포인트

첫 번째 만남은 상대방의 뇌리에 강한 인상을 남긴다. 이것이 첫인상 효과다.

사람의 행동심리를
제대로 읽는 레시피 3

성취 동기는 사람마다 다 다르다.

유원지 같은 데서 이런 게임을 해 보았을 것이다. 얼마의 돈을 내면 상인이 당신에게 몇 개의 링을 준다. 물건들은 거리에 따라 배열되어 있고, 거리가 멀수록 물건의 가치는 높다. 링을 던져서 물건에 걸리면 그 물건을 가져갈 수 있다.

가장 가까운 거리에 있는 A를 맞추면 1,000원짜리 치약을 준다. 당신은 별 힘 안 들이고 맞출 수 있다. B는 A보다 약간 멀리 있고, 약 80%의 사람이 맞춘다. 얻는 물건은 2,000원짜리 과자이다. C의 상품은 선글라스이고, 반 정도의 사람만이 상품을 받아간다. D를 맞출 수 있는 사람은 거의 없다. 만약 맞춘다면 배낭을 받을 수 있다.

당신에게 한 번의 기회밖에 없다면 무엇을 선택할 것인가. 만약 당신이 C나 D를 선택한다면 당신은 성취동기가 높은 사람이다.

사람의 세 가지 욕구

1950년대에 하버드 대학 심리학자 데이비드 맥클랜드는 성취 동기 이론을 제창하였다.

1. 권력 욕구

높은 권력욕을 가진 사람은 자신이 높은 권력을 가지기를 희망한다. 이런 사람은 다른 사람에게 영향력을 행사하는 것을 좋아해서 리더가 되기를 희망한다.

맥클랜드는 조직 내에서 관리자의 권력을 개인 권력과 직권상의 권력으로 구분했다. 개인 권력을 가진 사람은 다른 사람에게 권력 행사하는 것을 좋아하고 자신이 직접 모든 일을 통제하려는 경향이 있어서 조직의 발전을 저해할 수도 있다. 직권상의 권력은 관리자와 조직의 공통 발전이라는 관점에서 권력을 행사하기 때문에 권력을 행사하는 과정에서 만족을 얻는다.

2. 친화 욕구

소속 욕구 혹은 사회 욕구라고 한다. 친화 욕구가 강한 사람은 사람들과의 교제에서 기쁨을 얻는다. 친화 욕구가 강한 사람은 의리와 정을 중시한다. 그래서 업무상의 원칙을 위배하거나 소홀히 해서 생산력을 저하시킬 수 있다. 이들은 협력 업무나 대외 업무에 적합하다. 친화 욕구가 강한 사람을 대인 관계가 중요한 업무에 비치하면 일의 효율을 극대화할 수 있다.

3. 성취 욕구

성취 욕구가 높은 사람들은 주어지는 기회에 만족하지 않고 자신이 직접 목표를 정하는 것을 좋아한다. 목표를 향해 매진하며 결과에 대해 책임진다. 당연히 도전을 좋아하며, 달성하기 쉬운 목표보다는 어렵고 힘든 목표에 끌린다.

성취 욕구가 높은 사람들은 어떤 일의 가능성이 50% 정도일 때 최고의 실적을 낼 수 있다고 생각한다. 이들은 우연에 기댄 성공이나 성공률이 지나치게 높은 일을 좋아하지 않는다. 자신의 노력을 통해 얻는 성공에서 그들은 비로소 만족감을 느낀다. 성취 욕구가 높은 만큼 목표 달성 여부가 명확한 것을 좋아한다.

생산량, 영업매출, 관리에 명확한 목표가 설정되어 있어야 하며, 모호한 규정이나 주먹구구식의 목표를 싫어한다. 개인의 성취를 금전적 보상보다 더 중요하게 생각하는 것도 성취 욕구가 높은 사람들의 특징이다.

맥클랜드는 세 가지 욕구의 중요도는 사람마다 다르다고 보았다. 성취

욕구가 높은 사람들은 국가나 조직의 발전에 중요한 작용을 한다. 선진 국에 성취 욕구가 높은 사람들이 많은 것도 이 때문이다.

한 조사 결과에 의하면, 1925년 영국은 성취 욕구가 높은 사람의 비율 이 조사 대상국 25개 국가 중 5위였다. 당시의 영국은 발달한 선진국이 었다. 그러나 1950년 비슷한 조사에서 39개 국가 중 27위를 차지했다. 이때는 2차 세계대전 후 영국이 내리막길을 걷고 있을 때였다.

조직도 마찬가지다. 성취 욕구가 높은 사람이 많을수록 조직은 발전한 다. 그래서 조직은 다양한 사내 교육을 통해서 직원들을 높은 성취 욕 구를 가진 사람들로 길러내는 것이 필요하다.

직원들의 성취 동기를 높이려면 어떻게 해야 할까? 맥클랜드는 다음 의 네 가지 방법을 제시한다.

❶ 직원들에게 성취감을 안겨줄 수 있는 피드백을 줘야 한다. 가령 실 적이 좋은 직원에게 높은 연봉을 제공하는 것이다. 그러면 직원들은 자신이 잘한 부분을 알게 되고 성취 욕구는 더 강해진다. 그들에게 연봉 인상은 돈의 인상이 아니라 자기성취에 대한 인정이다.

❷ 모범이 될 만한 모델을 제시하라. 만약 주위에 그런 사람이 있다면 자극제가 된다.

❸ 직원들의 성취를 지지하여 더 많은 성과를 거두도록 하여야 한다.

사업적인 마인드가 강한 사람은 자신에게 거는 기대와 부담을 즐긴다.

❹ 직원들의 창의성을 제한하지 말며, 성취감에 대한 끊임없는 동기부여를 한다.

4장

조직건설 심리학

최고의 팀워크를 만드는 비밀

사소한 행동 하나로

결정적인 변화를

만들어내는 행동심리학

조직이 커질수록 낭비가 많아진다

파킨슨 법칙

1958년 영국의 역사학자이자 정치가인 파킨슨은《파킨슨 법칙》이 라는 책을 펴냈다. 그는 업무량과 관계없이 조직의 인원 수는 지속적으로 증가한다는 사실을 밝혀냈다. 그는 영국 식민성 행정 직원의 증가를 예로 들었다. 1935년 영국 식민성의 행정 직원은 372명이었다. 약 20년 후인 1954년에는 1,661명으로 늘었다. 재미있는 것은 그 사이 영국이 관리할 식민지는 줄어들었다는 것이다.

비슷한 예는 또 있다. 1914년 영국 해군은 14.6만 명이었고, 이를 지원하기 위한 육지의 행정병은 3,249명이었다. 1928년 이 되면서 해군은 10만 명으로 줄어들었지만, 행정병은 4,558

명으로 늘어 40% 증가를 보였다.

어떻게 이런 일이 벌어지는 것일까? 이런 불가사의한 현상은 행정조직뿐 아니라 일반 기업에서도 벌어지고 있다.

파킨슨은 다음의 예를 들었다. 상관인 A는 업무가 너무 많다. 그래서 자신보다 직위와 능력이 낮은 직원 B와 C를 두어 업무를 분담시킨다. B와 C가 서로 견제하게 만들지만 자신과는 경쟁할 수 없도록 한다. B가 업무가 많다고 하면 두 명의 조수를 더 두도록 하고, 업무의 균형을 위해 C에게도 두 명을 허락한다. 이렇게 되면 한 사람의 업무가 일곱 명의 업무로 바뀌고, A 자신의 지위는 점점 더 올라가게 된다.

하지만 일곱 명이 되는 바람에 쓸데없는 업무가 늘어난다. 가령 보고서 한 부를 일곱 명이 돌아가면서 열람해야 하고, 각자의 의견도 고려해야 한다. 직원들 사이에 갈등이 생기면 온갖 방법을 동원해서 해결해야 한다.

파킨슨 법칙의 핵심은 자신의 승진을 위해 불필요한 사람을 고용하고, 불어난 직원들에게 업무를 주기 위해 쓸데없는 일을 만들어 낸다는 것이다. 행정 기구를 비롯한 모든 조직은 업무의 양과 상관없이 시간이 지날수록 직원들이 점점 더 늘어나게 된다. 모든 사람은 바쁘지만 조직의 효율은 점점 낮아진다.

파킨슨 현상이 생기는 원인은 권력의 위기감 때문이다. 권력을 가진 사람이 권력의 위기감을 느낀다면 자신의 권력을 남에게 양보하지 않을 것이다. 그렇다고 자신의 경쟁자를 허용하지도 않을 것이다. 어떻게 위기감을 극복할까? 자신보다 능력이 낮은 조수를 두는 것이다. 비겁하지만 이것은 규칙에 저촉되거나 양심에 크게 위배되지도 않는다. 그래서 파킨슨 법칙은 사회 곳곳에 만연해 있다.

한 기업의 사장이 있었다. 그는 회사의 모든 자산을 자신의 소유로 해 두었다. 기업의 규모가 더 커지고 유명해지면서 그는 기업을 관리 하기가 힘들어졌다. 채용 공고를 냈고 많은 지원자들이 몰려들었다. 그 중에 미국에서 MBA 과정을 밟고 온 수재가 있었는데, 그는 10년의 관리 경험도 가지고 있었다.

'회사는 영원히 내 것이고, 나는 영원한 사장이야. 저 사람은 날 위해 일을 하러 온 거야. 결코 내 자리를 넘볼 수 없어.'

이렇게 생각한 사장은 그 지원자를 회사에 채용하기로 하였다. 파킨슨 법칙의 영향을 받지 않는 절대 권력을 가진 사람의 방식이었다. 세월이 갈수록 그 기업은 번창했고 사업 범위도 점차 넓어졌다. 그에 따라 새로운 문제도 끊임없이 발생했다. MBA를 졸업했던 그 지원자는 자신의 능력을 발휘할 기회도 갖지 못했고, 자신을 충전할 시간도 없었다. 자신을 도와 업무를 분담해줄 직원이 필요했다.

채용 공고를 통해 많은 사람들을 면접했는데, 두 사람의 지원자가 유독 눈에 띄었다. 한 명은 명문 대학 공공관리대학원을 갓 졸업한 사람이었다. 이론은 풍부했지만 실전경험이 전무

했다. 한 사람은 수완과 현장 경험을 겸비한 사람으로 기업 경영의 경험이 있었다. 사장은 결정을 하지 못해 MBA를 졸업했던 사람의 자문를 구했다. 그는 실무 경험이 풍부한 사람은 자신의 지위를 위협할 수도 있다고 생각했다. 업무 경험이 전혀 없는 대학원생은 백지상태라서 많은 시간을 들인 후에야 자신의 자리를 위협할 수 있다. 결국 회사는 대학원생을 선택했다.

모든 업무에는 적정한 인원수가 있다. 인원이 적으면 과도한 업무량으로 인해 일이 제대로 돌아가지 않지만, 반대로 너무 많으면 배가 산으로 간다. 조직은 항상 채용을 위한 채용을 하는 것은 아닌지 경계해야 한다.

키포인트

파킨슨 법칙의 병폐를 해결하려면 공정, 공개, 평등, 과학, 합리적인 인사 제도를 두어야 한다. 또한 인위적인 요소들의 간섭을 받아서는 안 된다. 가장 주의해야 할 점은 직접 영향을 행사하는 단한 사람의 손에 인사권을 두어서는 안 된다는 것이다.

규칙을 어기면 벌을 받는다

뜨거운 난로 법칙

02

회사에 있는 뜨거운 난로를 만지면 어떻게 되는가? 당연히 화상을 입는다. 신입 사원이 만져도 화상을 입고 사장이 만져도 마찬가지다. 징계 원칙이라고도 부르는 뜨거운 난로 법칙은 업무 중 사규를 어기면 그가 누구든 원칙에 입각한 징계를 받아야 함을 말한다. 포상 제도가 긍정적인 강력 수단이라면, 징계 제도는 부정적인 강력 수단이다.

뜨거운 난로 법칙은 징계의 원칙을 명확하게 보여주는 비유다.

1. 난로는 발갛게 타오른다. 다가가서 손으로 만져보지 않더라도 뜨거워서 데고야 말 거라는 사실을 안다. 관리자 직원

들에게 끊임없이 사규에 대한 교육을 시킨다. 사규를 어기지 말라는 일종의 경고이며, 어겼을 경우 징계를 받게 됨을 주지시킨다.

2. 뜨거운 난로를 만지면 반드시 화상을 입는다. 징계를 주기 전에 자신이 왜 징계를 받아야 하는지 명확하게 알려준다. 회사의 누구도 사규를 어기면 징계를 받아야 하며, 특정한 어떤 사람을 대상으로 하지 않는다는 사실도 알려준다.

3. 난로를 만지는 그 순간 화상을 입는다. 실시간 원칙을 이르는 것으로, 잘못하는 즉시 징계가 이루어져야 한다는것이다. 징계 발효의 시간이 짧을수록 효과는 크다.

4. 누구든 화상을 입는다. 공평성의 원칙에 근거해야 한다. 만약 어떤 사람이 부적절한 행위로 징계를 당하더라도 잘못을 만회할 만한 다른 일들을 했다면 징계를 멈추는 현명함도 있어야 한다. 한편 다른 방면에 나타난 업무실적으로 인해 지금의 과실을 덮어 두어서도 안 된다.

5. 화상의 정도나 난로를 접촉한 정도와 시간을 고려해야 한다. 정도의 원칙이다. 징계의 목적은 잘못된 행위를 예방하는 데 있다. 과도한 징계는 오히려 해가 된다.

자율을 잘 이해하는 관리자는 적절한 포상과 징계로 조직의 규율을 바로잡을 수 있다. 징계는 잘못한 사안에만 이루어져야 하며, 포상이 너무 잦아서도 곤란하다. 심리학자들은 포상과 징계의 비율은 5:1이 가장 적합하다고 말한다.

마속은 제갈량이 가장 아끼는 부하였다. 제갈량과 사마의가 가정에서 전투를 하고 있을 때였다. 마속은 자신이 군대를 이끌고 가서 가정을 사수하겠노라고 했고, 제갈량은 마속이 경솔하다고 판단하여 허락하지 않았다. 하지만 마속은 전투에 지면 전 가족의 죽음도 불사하겠다는 서약서를 썼고, 비로소 제갈량은 출병을 승낙했다.

제갈량은 왕평이 마속을 수행하도록 했다. 마속에게 모든 일은 왕평과 의논하고, 진영을 치고 나면 바로 보고할 것을 명령했다. 군대가 가정에 도착한 후, 마속은 왕평의 건의도 무시하고 산 위에 진영을 쳤고, 본부에 보고조차 하지 않았다. 사마의가 공격을 해 오자 산 아래 지원 부대에서는 마속의 부대에게 식량과 물 공급을 중단했고, 당연히 마속의 부대는 참패했다. 촉나라의 중요한 근거지인 가정은 이렇게 넘어가 버렸고, 제갈량은 마속을 참형에 처했다. 우리가 잘 아는 읍참마속의 일화다.

난로의 법칙은 누구에게나 공평하다. 난로를 만진 사람은 그가 누구든 화상을 입는다. 제갈량은 자신의 부하에 대한 총애와는 상관없이 평등의 원칙을 고수했다. 출병하기 전에 서약서를 씀으로써 경고의 의미를 두었으며, 군대 해산 후에는 바로 참형을 집행했다. 제갈량의 이러한 용병술 때문에 가장 약한 촉나라가 오랫동안 지속될 수 있었다.

징계 제도는 수단이지 목표가 아니다. 징계를 남용하면 오히려 부작용을 낳는다. 기업이 징계 제도를 정하고 시행할 때는 공개, 공정, 공평의 원칙 하에서 진행되어야 한다. 아울러 직능 교육, 기업 문화 건설, 과학적인 상벌 제도의 수립도 병행되어야 한다. 그래야만 징계 제도는 설득력이 있고, 직원들도 용감하게 실책을 인정할 것이다.

뜨거운 난로는 직원들에게 화상만 입히는 게 아니라 따뜻함을 느끼는 물건도 되는 것이다.

키포인트

규율은 모든 제도의 시금석이다. 조직이 오랫동안 존재하려면 가장 중요한 결속력은 규율이다. 규율 있는 조직이 되기 위해 가장 중요한 점은 관리자 자신이 솔선수범해서 규율을 지켜야 한다는 것이다.

03

최고의 팀워크가 최고의 조직을 만든다
미그25 효과

구 소련에서 연구 개발한 전투기 미그25는 우수한 성능으로 세계 각국으로 수출되었다. 전체적인 전투 수행 능력은 미국을 포함한 기타 국가들이 같은 시기에 생산한 전투기보다 월등했다. 상승, 하강, 속도, 자극에 대한 반응 등 모든 면에서 세계 최고의 전투기였다.

그런데 많은 비행기 전문가들이 놀랄 만한 점을 발견했다. 미그25가 사용하는 많은 부품들은 미국 전투기 부품과 비교했을 때 성능이 뒤떨어졌던 것이다. 그럼에도 어떻게 더 뛰어난 성능을 발휘할 수 있었던 것일까. 미그 사가 전투기를 제작하며 각 부품들의 조화와 기능의 효율적 운용을 고려한 설계를

최고의 팀워크를 만드는 비밀

했기 때문이었다.

여기서 나온 것이 '미그25 효과'다. 사물 내부 구조의 합리성과 전체 기능 수행에는 밀접한 상관 관계가 있다고 보는 이론이다. 내부 구조가 긴밀하고 합리적으로 이루어져 있다면, 유기적으로 연결된 각 부분들이 모여서 엄청난 위력을 발휘할 수 있다.

엥겔스는 프랑스 기병과 맘루크 기병의 전투를 예로 들어 미그25 효과를 설명했다. 프랑스 기병은 말을 다루는 기술은 좋지 않았지만 규율은 아주 강했다. 맘루크 기병은 각개 전투에 강했고 규율은 방만한 편이었다. 만약 흩어져서 싸운다면 세 명의 프랑스 기병이 두 명의 맘루크 기병을 못 당해 낼 것은 분명했다. 프랑스 기병은 조직력을 무기로 천오백 명의 맘루크 기병을 천 명의 기병으로 대적할 수 있었다.

어떤 조직은 최고의 인재를 많은 비용을 들여 스카웃해 놓고도 아무런 효과도 보지 못한다. 개별 인재는 최고지만 그들이 만들어 내는 팀워크가 최악인 탓이다. 최강의 조직은 뛰어난 인재들의 집합소가 아니다. 팀워크가 없으면 뛰어난 인재들이 많아도 오합지졸일 뿐이다. 수레를 끄는 말들이 각기 다른 방향으로 뛴다고 생각해 보라. 말들의 능력이 출중할수록 큰 사고가 난다. 적재적소에서 각자의 역할에 충실할 때, 그러면서 유기적이고 속도감 있는 조율이 이뤄질 때 조직은 최고의 성과를 낸다.

2002년 월드컵에서 한국이 거둔 성과도 팀워크 덕분이었다. 안방에서 치러지는 경기라는 이점이 톡톡히 작용하기는 했지만, 한국의 조직력은 최강이었다. 한국 선수들 개개인의 몸값은 이탈리아, 포르투갈 등의 선수들과 비교하면 형편없는 수준이었다. 한국 선수 모두의 몸값을 합쳐도 상대 팀 유명 선수 한 명의 몸값에도 미치지 못했다. 그런데도 한국은 조직력을 바탕으로 4강까지 승승장구했다.

조직에서 중요한 일을 한다고 마냥 큰소리칠 것은 아니다. 반대로 비교적 사소하고 잡다한 일을 한다고 의기소침해질 필요도 없다. 조직은 개별 구성원의 집합체가 아니라 하나의 유기체이기 때문이다. 큰 일이 있으니까 작은 일이 있고, 작은 일들이 받쳐주니까 큰 일을 할 수 있는 것이다.

자신이 속한 조직에 성과가 나지 않는다면, 섣불리 누구 탓이라고 하지 말고 팀워크에 문제가 없는지 살펴 보아야 한다. 팀워크에 악영향을 끼치는 인물들이 있는 것은 사실이지만, 조직 구조가 적절한지 따져보는 것이 먼저다. 팀워크가 나쁘면 새로운 사람이 들어와도 똑같은 문제가 발생한다. 반면 팀워크가 좋으면 조금 부족한 사람이 들 어와도 조직의 성과는 달라지지 않는다.

키포인트

다른 사람의 생각을 받아들인다는 것은 각자의 차이를 인정하고 존중하는 것이다. 타인의 심리, 기분, 지혜, 보는 것, 생각하는 것 등을 존중해야 거기서 장점을 취합하여 자신의 부족함을 메꿀 수 있다.

04

썩은 사과는 즉각 버려라

술과 오수 법칙

한 숟가락의 술을 한 통의 더러운 물에 넣어도 물은 여전히 더러운 물이다. 한 숟가락의 더러운 물을 한 통의 술에 넣더라도 우리가 얻는 것은 여전히 더러운 물이다. 이것이 재미있는 술과 오수 법칙이다.

어떤 조직이든 다루기 힘든 인물이 있기 마련이다. 그들은 마치 일을 그르치려고 있는 것 같다. 더 나쁜 것은 그들은 상자 속의 썩은 사과와 같아서 즉각 처리해 버리지 않으면 상자 속 다른 사과도 썩게 만든다는 것이다.

썩은 사과의 무서움은 그 가공할 만한 파괴력에 있다. 아주 정직하고 일을 잘하는 사람이 엉망진창인 조직에 들어가면 쉽게 동화되어 버린다. 또한 능력 없는 한 사람이 아주 탄탄한 조직을 한 접시의 흩어진 모래처럼 만들어 버릴 수도 있다. 본래 조직은 허약하다. 조직은 구성원 상호의 이해와 타협과 인내를 바탕으로 이루어진다. 조직은 구성원에 쉽게 영향을 받고 나빠질 수도 있다.

《장자》의 〈잡편〉에는 썩은 사과를 어떻게 처리해야 하는지를 알려 주는 일화가 있다. 헌원 황제가 대외라는 아주 능력이 탁월한 사람을 만나기 위해 그가 살고 있는 구자산으로 갔다. 그런데 황제와 신하들은 구자산에서 그만 길을 잃고 말았다. 황제는 마침 옆을 지나가던 목동에게 물었다.

"구자산을 아느냐?"

"예, 압니다."

"대외라는 사람도 아느냐?"

"예, 압니다."

황제가 보기에 목동은 총명해 보였다. 그래서 장난삼아 "그렇다면 너는 천하를 다스리는 도리도 아는가?"라고 물었다. 목동은 쉽게 대답했다.

"천하를 다스리는 것과 말을 치는 것은 같습니다. 말을 해롭게 하는 것들을 없애면 됩니다."

제갈량은 《장원》의 〈축악〉에서 다섯 가지 해로운 사람 유형에 대해 기술했다. 군대를 통치하든 국가를 통치하든, 이런 다섯 유형의 사람들을 주의해야 한다고 말한다. 그들은 군대와 국가를 혼란에 빠트릴 위험 인물이다.

첫째, 당파를 만들고, 남에 대한 모함과 험담을 일삼고, 재능과 덕망이 있는 사람들을 공격하는 사람.

둘째, 사치와 낭비가 심하며, 허영심이 강한 사람.

셋째, 현실에 부합하지 않는 과장을 일삼으며, 대중을 현혹하는 사람.

넷째, 사물의 옳고 그름을 흐리며, 자신의 이익을 위해 사람들을 부추기는 사람.

다섯째, 자신의 이해 득실에 굉장히 연연하며, 몰래 적과 야합하는 사람.

이런 다섯 유형의 사람들은 거짓되고 간교하며 도덕성이 형편없는 소인배들이다. 우리는 이런 사람들과 거리를 두고 가까이하지 말아야 한다.

네 마리의 원숭이가 커다란 돌을 옮기고 있었다. A 원숭이는 땀을 흘리며 아주 열심히 일을 했다. 최선을 다해서 임무를 완수하리라 생각했다. D 원숭이는 처음부터 최선을 다하지는 않았지만 열심히 일하는 척했다. 그러면서 계속 많은 말들을 했고 아이디어들을 내놓았다. B 원숭이와 C 원숭이는 상황에 따라 행동하는 부류로, 그들이 열심히 일하는가 그렇지 않는가의 여부는 상사가 누구냐에 달렸다.

결국 그 돌은 정상적으로 옮겨지지 못했다. B, C 원숭이의 눈에 A 원숭이는 너무 열심히 일하므로 힘들어 보이고, D 원숭이는 힘들게 일하지 않고도 뭔가 그럴듯해 보인다. 그래서 B, C 원숭이는 D 원숭이를 따라 하게 되었고, 당연히 제대로 운반될 수 없었다.

만약 이 과정에 관리자가 개입하면 결과는 달라질 수도 있다. 일의 결과가 어떤 방향으로 흘러갈 것인가? 그것은 물론 관리자의 능력에 달렸다. 관리자가 입으로 A의 정신을 칭찬할 뿐 아니라, 실제로 그를 중요한 자리에 기용하고 인정해 준다면 B, C도 A를 따라 하려고 할 것이다. 최소한 게으름을 피우지 않을 것이고, D를 모방하는 일은 없을 것이다. 이렇게 되면 설령 D가 열심히 일을 하지 않더라도 그 돌은 목적지까지 순조롭게 운반될 것이다.

한 조직의 관리자는 옥석을 가려낼 줄 아는 눈을 가져야 하고, 때로는 직원들에게 적당한 압력을 행사하는 것도 필요하다. 바로 조직의 효율과도 직접 연관이 있다. 조직 내에 D 같은, 다른 원숭이를 해치는 원숭이가 있다면 당장 쫓아내야 한다. 상황이 여의치 않다면 최소한 묶어 둘 수는 있어야 한다.

우리는 단호해야 한다. 조직에 썩은 사과가 발견되면 즉각 버려라! 단 확실히 썩은 사과여야 한다. 어쩌면 조직력이라는 상자가 상했을 수도 있다.

키포인트

파괴자의 능력이 왜 대단한가. 파괴가 건설보다 쉽기 때문이다. 도공이 온 정성을 다해 빚은 도자기를 한 마리의 당나귀가 1분도 안 돼 짓밟아 버릴 수 있다. 만약 조직 안에 그런 당나귀가 있다면 아무리 우수한 도공을 많이 거느리고 있어도 업무의 성과를 기대하기 힘들다.

단단한 천 리 둑도 개미구멍에 무너진다.

깨진 유리창 법칙

이 법칙은 스탠포드 대학의 필립 짐바도 교수의 실험에서 비롯되었다. 그는 똑같은 모델의 자동차 두 대를 구해 한 대는 중산층 지역인 팔로알토에 두었고, 한 대는 비교적 혼잡한 브롱크스 가에 두었다.

브롱크스 가에 둔 차는 일부러 번호판도 떼 버리고 차 지붕도 열어 놓은 채였다. 이 차는 10분만에 처절한 공격을 받았고, 24시간이 지나지 않아 값나가는 모든 부품은 사라졌다.

반면 중산층 지역에 두었던 차는 일주일이 지나도 그대로였다. 짐 바도 교수는 망치로 이 차의 유리에 구멍을 내보았다. 몇 시간이 지나자 이 차 역시 흔적을 감췄다.

실험을 토대로 정치학자 제임스 윌슨과 범죄학자 조지 캘링은 '깨진 유리창 법칙'을 제창했다. 만약 누군가가 건축물의 유리창을 깨뜨리고 방치해두면, 사람들은 유리창을 더 깨뜨려도 된다는 암시로 받아들인다. 시간이 지날수록 깨진 유리창들은 사람들에게 무질서의 느낌을 가져다주며, 도덕 관념이 무뎌진 상황에서 범죄는 싹트고 만연하게 된다.

우리는 평소에 '나로부터 시작하고, 내 주위로부터 시작한다'는 말을 강조한다. 이것은 결코 공허한 구호가 아니다. 우리의 작은 행동, 한 마디가 환경에 어떠한 영향을 미치는지 안다면 말이다.

깨진 유리창 법칙은 기업 관리에도 중요한 의의를 지닌다.

미국의 한 회사는 직원들을 해고하는 일이 아주 드물었다. 노련한 노동자 제리는 일을 빨리 처리하려는 욕심으로 절단기 앞의 보호대를 치우고 작업을 했다. 보호대는 안전성을 보장하는 것이었지만, 보호대가 없으면 업무 속도가 훨씬 빨랐다. 이 광경을 생산주임이 보고 제리에게 다시 보호대를 설치할 것을 명령했다. 그리고 제리가 지금까지한 작업량을 취소시켜 버렸다.

이것으로 일이 끝난 줄 알았던 제리는 다음날 사장실에 출석하라는 통고를 받았다. 그는 퇴사 명령을 받았다. 사장은 이렇게 말했다.

"우리 회사가 무엇보다 안전을 중시한다는 것을 자네도 잘 알걸세. 생산량이 적으면 이윤이 적을 것이고, 이윤이 적다면 회사는 다른 방법을 동원해서 만회할 수도 있네. 하지만 사고가 발생하면 무엇으로 만회할 수 있겠나?"

제리는 줄곧 우수 노동자였고, 회사에서 징계를 받은 적이 없었다. 이번만은 달랐다. 회사의 원칙적인 부분을 위반했던 것이다. 사장은 제리의 행동이 미칠 파급 효과를 잘 알고 있었다. 한 사람이 규칙을 위반한다면 그것은 머지않아 규칙이 사라진다는 것을 뜻한다.

일상생활에서도 깨진 유리창 법칙은 얼마든지 찾아볼 수 있다. 만약 누군가가 가게 앞에 놓인 꽃을 빼 간다고 하자. 많은 사람들이 따라 할 것이고, 얼마 안 가 꽃바구니의 꽃은 하나도 남지 않을 것이다. 책상 위에 돈이 놓여 있고 문이 열려 있으며 사람은 없다. 이런 상황이면 견물생심이 안 될 수 없다.

업무를 처리하는 직원이 정석대로 처리하지 않고는 핑계를 대는 경우가 있다. '다른 사람도 이렇게 한다'거나, '지난번에도 이렇게 했다'는 식으로 말이다. 회사의 규칙을 어기는 행위에 대해서 조직이 어떠한 조치도 취하지 않으면 같은 유형의 일들이 계속 발생할 것이다.

기업의 일원으로서 다음을 명심하라.

1. 제일 처음으로 창을 깨뜨리는 자가 되지 마라. 그 사람은 곧 질서를 깨는 사람이다.

2. 회사의 규정을 잘 따르라. 회사의 규정은 직원들을 구속하기 위한 장치이며, 효과적으로 회사를 운영하기 위함이다. 규정을 어긴다면 회사는 물론 자신에게도 해가 된다.

3. 직원들이 업무 규율을 잘 지키는 습관을 기르도록 하라. 이것은 개인의 도덕관을 드러내기도 한다. 여러 가지 핑계로 자신의 질서 위반 행위를 정당화하지 마라. 규정을 어기는 것은 회사 자원은 물론 사회 자원도 낭비하는 것이다.

4. 회사는 직원이 행한 잘못에 상응하는 처분을 내려 회사의 기강을 세워야 한다. 특히 회사의 핵심 이념을 위반한 사안일수록 엄중히 처벌해야 한다.

모든 규칙은 한 번 어기기 시작하면 걷잡을 수 없이 무너진다. 사소한 위반이라고 그냥 넘겨서는 안 된다. 개인적인 생활에서도 마찬가지다. 계획을 세운 후 사소한 것이라도 어기기 시작하면 계획 전체가 수포로 돌아간다. 깨진 유리창을 그대로 두지 마라. 눈에 보이는 순간 제거해야 한다. 그렇지 않으면 커다란 재앙을 부르는 마중물이 되어버린다.

키포인트

깨어진 유리창 이론은 범죄 심리학의 관점에서 문제를 다룬다.
하지만 이 이론을 어떤 영역에 적용하든 접근 방법이나 각도가
다를 뿐 원리는 같다. 환경은 강한 암시와 유혹을 가지고 있다.
반드시 처음 깨진 한 장의 차 유리를 즉각 회복시켜라.

긍정적 파급 효과를 만들어라
도미노 효과

1849년 8월 16일 한 이탈리아 전도사가 플라스틱 장난감을 딸 도미노에게 선물했다. 도미노는 이것을 가지고 놀다가 재미있는 놀이를 발명했다. 플라스틱 조각들을 연속해서 세워 놓고 한 장을 넘어뜨리면 다른 것들도 연쇄적으로 넘어진다는 것이었다. 이 놀이는 그녀의 이름을 따 도미노라고 불리게 되었다. 그리고 하나에 의해 전체가 쓰러지는 현상을 도미노 효과라고 부르게 되었다.

기업 경영의 모든 부분들은 서로 연관되어 있다. 만약 한 부문에서 문제가 발생하면 다른 곳에 영향을 끼친다. 심각할 경우에는 파산으로 몰고 갈 수도 있다. 기업이 빠르게 성장하면서 많은 허점이나 잠복된 문제들이 존재할 수 있다. 중요한 것은 즉시 해결하지 않았을 때는 이 문제가 기업의 존망을 결정할지도 모른다는 사실이다.

모든 사물은 서로 밀접한 관련이 있다. 나무 한 그루를 베는 것을 시작으로 산림 전체가 훼손될 수도 있고, 불성실하게 보낸 하루하루가 인생 전체를 망칠 수도 있다. 또한 국지전 하나가 세계 문명을 초토화시켜 버릴 수도 있다. 첫 번째 패가 넘어진 후 마지막 패가 넘어지기까지의 시간은 아무도 예측할 수 없다. 예측 가능했던 사건조차도 한 세기나 두 세기를 거치기도 한다. 사건의 변화는 사람들이 생각지 못한 곳에서 시작한다.

도미노 효과가 뿜어내는 에너지는 엄청나다. 플라스틱 패를 수직으로 세울 때 중심은 높아지고, 넘어질 때 중심은 아래로 가게 된다. 넘어지면서 힘은 운동 에너지로 전환되고, 그 에너지가 두 번째 플라스틱 패로 옮겨간다. 첫 번째 패에서 넘어온 에너지와 자기 고유의 에너지가 합쳐 세 번째로 넘어가고……. 이런 식으로 조각들이 넘어지면서 에너지는 점점 더 커지고 속도도 점점 더 빨라진다.

콜롬비아 대학의 물리학자 화이트는 모두 13장으로 구성된 한 세트의 도미노를 제작했다. 가장 작은 것은 길이 9.53mm, 폭 4.76mm, 두께 1.19mm로 손톱보다도 작았다. 두 번째 패는 첫 번째 패를 1.5배 확대해서 만들었는데, 한 개의 패는 자신의

1.5배가 되는 패를 쓰러뜨릴 수 있다는 점에 착안해서 나온 수치였다. 이런 계산법으로 열세 번째의 패는 길이가 61㎜, 넓이 30.5mm, 두께 7.6㎜로 크기는 포커 카드만 하였고, 두께는 포커의 20배에 달했다.

화이트는 13장을 적당한 간격으로 세워 놓고 첫 장을 넘어뜨려 마지막 13장까지 넘어지게 하였다. 13번째 장이 넘어질 때의 에너지는 첫 번째가 넘어질 때의 20배 이상이나 되었다. 화이트는 32번째의 패까지는 만들지는 못하였다. 만약 이것을 제작한다면 높이가 415m로 뉴욕 엠파이어 스테이트 빌딩의 두 배가 될 것이기 때문이었다. 이 말은 누군가가 이것을 제작한다면 고층 빌딩이 한번에 무너진다는 것이다.

도미노 효과는 작은 힘, 의식하지 못했던 변화가 엄청난 파장을 몰고 올 수 있다고 경고한다.

초나라 변경에 비량이라는 성읍이 있었다. 그곳의 처녀와 이웃 오나라의 처녀가 변경의 한 지역에서 뽕잎을 따고 있었다. 그들은 서로 누가 많이 따는지 내기를 했는데, 잘못해서 오나라 처녀가 비량 처녀의 발을 밟아 다치게 했다. 비량 사람들은 다친 처녀를 오나라에 데리고 가 책임을 물었다. 오나라 사람들의 태도가 불손하여 비량 사람들은 화가 머리끝까지 나 오나라 사람을 죽였다. 오나라 사람들은 비량에 복수를 하러 가 비량 사람들을 죽였다. 이 소식이 비량 군수의 귀에 들어갔고, 마침내 두 나라의 전쟁으로 퍼졌다. 내기를 하다 잘못해서 발을 밟은 것이 대규모 전쟁이 된 것이다.

우리가 내리는 모든 결정, 사소하게 하는 모든 행동이 도미노의 첫 번째 카드가 될 수 있다. 사태를 알아챘을 때는 이미 늦었을지도 모른다. 이미 부정적인 도미노의 에너지가 너무 강하기 때문이다.

오늘 열심히 업무에 몰입한 것으로 인해 사장이 될 수도 있다. 대충 보낸 하루가 불행한 인생의 전조가 될 수도 있다. 따라서 모든 행동을 할 때 그것이 긍정적인 도미노 현상의 첫 번째 카드로 손색이 없는지 심사숙고해야 한다.

키포인트

손실은 손실을 낳는다 외에 도미노 효과는 긍정적인 작용도 한다. 번영은 번영을 낳는다는 것이다. 기업을 모든 직원들의 기업으로 만든다면, 직원들은 단순히 형식적으로 업무에 임하는 것이 아니라 정력을 바쳐 일하고자 할 것이다.

직원들이 어찌할 바를 모르게 하지 마라
손목시계 효과

손목시계가 하나뿐이라면 몇 시인지 말하는 것은 쉽다. 그러나 두세 개가 넘는 시계가 각각 다른 시간을 가리킨다면 쉽게 답하기 어렵다.

손목시계 효과는 기업 경영 관리 방면에서 우리에게 많은 시사점을 준다. 하나의 조직을 관리하려면 동시에 다른 규칙을 적용해서는 안 된다. 성격이 다른 두 개의 목표를 정해서도 안 된다. 또 한 사람을 두 사람이 지휘해서도 안 된다. 그러면 지휘자가 두 명인 오케스트라처럼 불협화음을 낼 수밖에 없다.

손목시계 효과가 내포하는 또 다른 함의는 개인이 상반된 두 개의 가치관을 가지면 혼란에 빠진다는 것이다.

모든 사람들은 이런 경험이 있을 것이다. 어떤 결정을 할 때 자신이 서지 않아 다른 사람의 자문을 구해 본다. 자문을 구한 사람이 많을수록 과학적인 선택을 할 수 있을 것 같다. 그러나 의견들이 사방에서 터져 나오면 당신은 아주 혼란스럽다. 그래서 중용적인 방식으로 각종 의견을 종합하고 모두를 만족시킬 결론을 내린다.

결론이 반드시 합리적이라고는 할 수 없다. 여러 의견이 대두되면 여러 개의 손목시계를 보는 것처럼 정확한 결정을 하기 어렵다. 모두를 만족시키려다가 아무도 만족시키지 못하는 결과를 부른다.

가시고기와 새우, 백조가 길에 서 있는 차 한 대를 발견했다. 차 안에는 맛있는 먹을 것들이 꽉 차 있었다. 그들은 상의를 하고 차를 큰 길에서 끌어내기로 하였다. 셋이서 젖 먹던 힘까지 짜내서 옮기려고 했으나 차는 좀처럼 움직이지 않았다.

왜일까? 차가 아주 무거워서일까? 아니다. 백조는 하늘 쪽으로, 새우는 거꾸로, 가시고기는 물가로 끌었기 때문이다. 가시고기, 새우, 백조 모두 차를 끌면서 갖은 힘을 썼지만 당연히 차는 꼼짝도 하지 않았다.

목표 관리는 현대 기업이 필수적으로 가져야 할 관리 방법 중의 하나다. 각 직급의 직원들은 우선 자신이 속한 부서와 기타 부서의 요구에 맞는 개인의 목표를 설정한다. 이렇게 설정된 개인의 목표를 토대로 회사의 경영 목표를 실현한다.

휴렛팩커드의 전 CEO 칼리 피오리나는 회사 내부의 따뜻하고 우정 어린 분위기도 좋지만, 이것만으로는 부족하다고 느꼈다. 회사는 고아원이나 유치원이 아니기 때문이다. 회사의 발전을 위해서 칼리 피오리나는 목표 관리를 도입한다.

과장급들이 계획을 수립한 후 상부의 결재를 받는 것이 가장 중요한 것은 아니다. 가장 중요한 것은 직원들의 인정이다. 계획을 실행하는 것은 상사가 아니라 직원들이기 때문이다. 직원들의 지지를 얻을 때 계획은 더 빨리 더 효율적으로 진행되며 성공할 확률이 높다.

칼리 피오리나는 결정을 내리기 전에 항상 직원들의 의견을 경청하였다. 그녀는 이런 방법을 통해 직원들 본인이 존중과 신뢰를 받고 있다고 느껴서 능동적으로 업무에 임한다고 생각했다. 또한 직원들을 통해 자신이 미처 고려하지 못한 미비점을 발견할 수도 있었다. 이런 절차를 거치면서 최소의 투자로 최대의 효과를 거둘 수 있었다.

기업에는 목표와 기준이 있다. 이것이 흔들리면 아무것도 이룰 수 없다. 당신이 생각하는 목표와 직원들이 생각하는 목표가 같은가? 목표를 이루기위한 방법에 대한 합의는 이루었는가? 그렇지 않으면 열심히 할수록 부정적인 결과만을 만들게 될 것이다.

키포인트

공통의 목표를 위해 모두가 마음을 합쳐야 목표에 도달할 수 있다.

08

모든 것을 투명하게 하라

어항 효과

어항 효과는 일본의 한 전기 회사에서 제창된 이론이다. 어항은 유리로 되어 있어서 어느 각도에서 보든 어항 속 금붕어의 행동을 투명하게 볼 수 있다. 일종의 비유로, 기업의 투명한 관리 제도를 지칭한다. 회사의 경영진이나 임원진들은 수입을 투명화하고 회사 경영과 관련된 모든 비용을 공개해야 한다.

어항이 투명하려면 우선 어항 재질의 투명도가 중요하다. 다음으로 맑고 투명한 수질도 아주 중요하다. 그래서 관리자들은 끊임없이 자신을 수양하며 도덕적인 직업관을 함양하도록 노력해야 한다.

기업은 '공평, 공정, 공개'의 원칙에 따라 업무를 진행시켜야 한다. 공개적이고 투명한 관리 제도는 기업을 밀고 가는 원동력이 되며, 그 원동력으로 기업은 지속적으로 발전할 수 있다.

어항 효과는 현대 관리 제도의 기본 원칙으로, 기업뿐 아니라 다른 영역에서도 적절하게 응용되고 있다. 정보 공개는 어항 효과가 정부의 관리 영역에서 운용되는 대표적 예이다. 도시 건설, 도로 계획, 의료보험 실시, 사무 처리 등 정부가 실행하는 모든 일들을 세분화시켜서 공개하는 것이다. 사업 내용뿐만 아니라 진행 과정의 공개도 포함된다. 국민들은 어떤 루트를 통해서라도 정부 사업에 대해 알 권리가 있다.

요즘 많은 기업들은 '개성포공開誠布公. **진심으로 상대방에 대해 솔직하며 사욕을 차리지 않는다** 관리법'을 도입한다. 기본 철학은 어항 효과와도 일맥상통한다.

어떤 사람은 생각하기를, 직원들이 일을 어떻게 생각하느냐가 중요한 것이 아니라 일 자체가 중요하다고 말한다. 관리자들은 직원들이 업무를 완성하는 것은 간단한 하나의 과정에 불과하다고 한다. 직원들이 무엇을 해야 할지 인식하게 만들고, 강제와 승진 같은 수단을 통해 정해진 목표를 달성하게 하면 된다는 것이다.

실전은 그리 간단치 않다. 관리자가 적당한 정신적 격려를 통해 직원들의 동기를 유발하고자 한다면, 직원들이 단순히 업무를 완성하는 데 초점을 두어서는 안 된다. 직원 자신들이 원하는 상황에서 일을 하는지를 살펴야 한다. 자신이 원하는 일을 할 때 직원들은 일의 성과뿐만 아니라 일의 의미도 같이 느끼게 된다.

한 심리학자는 성과가 사람의 동기 부여에 미치는 효과를 알아보기 위해 벌목공 한 명을 고용해 도끼날이 아닌 도끼뿔로 한 그루의 나무를 베라고 하였다. 심리학자는 벌목공에게 일하는 시간은 동일하지만 임금은 배로 주겠다고 하였다. 그러나 반나절이 지난 후 벌목공은 일을 하지 않겠다고 했다. 이유는 간단했다.

"나는 쪼개진 나뭇조각을 보고 싶어요."

그렇다. 누구든 쪼개진 나뭇조각을 보고 싶을 것이다. 도끼뿔로는 일의 성과를 기대할 수가 없다. 쪼개진 나뭇조각은 직원들이 일을 통해 드러내는 자신의 가치다. 나뭇조각은 노동의 가장 직접적인 효과이며, 직원들에게 자연스러운 동기를 부여한다. 가시적인 성과를 보지 못하는 일은 기계적인 반복에 불과한 것이다. 쪼개진 나뭇조각을 보지 못하면 심리적 압박을 느끼게 되고, 이런 불안한 심리는 집중력을 떨어뜨린다. 더불어 일의 완성도도 떨어진다.

마리아는 아주 능력 있고 촉망받는 사원이었다. 하루는 상사가 그녀에게 중요한 프로젝트를 맡겼다. 프로젝트는 5개월이 소요되며, 일을 성공적으로 완성하면 승진을 시켜주겠다고 약속했다.

3개월 동안 일은 순조롭게 진행되었다. 상사는 내심 만족했다. 프로젝트가 끝나면 모든 직원 앞에서 마리아를 치하하리라 생각하고 있었다. 하지만 3개월이 지난 어느 날 마리아는 프로젝트를 더 이상 맡지 않겠다는 의사를 보내왔다. 상사는 의아했다. 마리아는 상사에게 이렇게 말했다.

"이런 도전적인 업무를 내게 준 것도, 내게 승진 기회를 주겠다고 한 것도 감사합니다. 그러나 지난 3개월 동안 나는 일에 대한 어떤 평가나 칭찬도 듣지 못했어요. 나는 내가 잘하고 있는 건지, 지금 하고 있는 방식이 맞는 건지 알 수가 없어요. 일을 맡고 지금까지 나는 줄곧 혼란스럽습니다."

자신이 하고 있는 업무가 어떠한지 잘 알 수 없으면 업무를 개선할 방법이 없다. 또한 어떤 방향으로 효과적인 노력을 기울여야 하는지도 알 수 없다. 이럴 때 직원들은 혼란스럽고 일의 의미도 느낄 수 없다. 관리자는 직원들이 일한 성과물을 가지고 정신적인 격려를 아끼지 않는 것이 필요하다.

일의 성과물은 곧 자신의 가치 표현이다. 직원들이 일의 성과를 통해 자기만족감을 얻는 것은 아주 중요하다. 자동차 노동자는 완성된 자동차 한 대가 컨베이어 벨트를 벗어날 때, 요리사는 자신의 요리 솜씨로 대연회를 성공적으로 마쳤을 때, 비행기 정비사는 자신의 손을 거친 비행기가 하늘로 날아오를 때 아주 만족감을 느낄 것이다. 정신적인 만족감을 얻은 직원들은 열정적으로 일한다. 회사의 실적 향상을 위해 노력한다.

키포인트

관리 제도와 각종 업무를 투명하고 공개적으로 하라. 관리의 질을 높이고 부당한 풍토를 방지하는 좋은 방법 중의 하나다.

사람의 행동심리를
제대로 읽는 레시피 4

일의 원동력은 무엇이 결정하나?

빅터 브롬은 1964년 출판된 《일과 동기》라는 저서에서 직무의 기대 이론을 주장했다.

일에 대한 동기 부여를 결정하는 것은 무엇인가? 만약 어떤 일에 대한 목표를 너무 높게 설정하면 목표를 달성할 가능성은 적어지고 사람들은 적극적으로 하지 않을 것이다. 반면 목표를 너무 낮게 설정하면 흡인력은 있지만 사람들은 자신의 잠재력을 발휘하지 않는다. 적당한 목표는 사람들에게 큰 매력을 준다. 리더십 중에 '0.5 예술'이라는 말까지 있지 않은가.

하지만 목표를 적당하게 설정하는 것만으로는 부족하다. 목표를 완성하고난 후 내가 얻게 될 이익이 무엇인가가 더 중요하다. 사람마다 느끼는 기대 이익은 다 다르다. 가령 젊은 사람들은 일의 완성도와 관계된 보수의 많고 적음에 큰 관심을 가질 것이다. 하지만 나이가 좀 있고 경제적인 여유도 있는 지식인이라면, 보수는 적더라도 시간 활용이 좋

고 자신의 지적 능력을 발휘할 수 있는 일에 적극성을 드러낼 것이다. 기대 이론 모델을 운용할 때는 대상이 누구냐에 따라 노동량, 보수 등의 표준을 조정해야 한다. 그럴 때만이 직원들의 적극성을 끌어낼 수 있다.

동기 부여의 기대 모델

자신이 노력하면 좋은 업무 평가를 얻을 수 있다고 생각할 때, 그 평가에 따른 조직의 포상보너스, 급여 인상, 승진이 있을 때, 조직의 포상이 개인의 목표를 만족시켜 줄 수 있을 때 직원들은 동기 부여를 받으며 노력을 하게 된다. 기대 이론은 다음의 세 가지 관계에 주목한다.

1. 노력성과 : 노력을 하면 좋은 결과가 나올까에 대한 기대.

사람들은 의무을 가진다. 내가 노력을 했는데 평가를 받지 못하면 어떡하나? 이것은 내 능력의 문제인가, 아니면 조직의 업무 평가 체계상의 문제인가? 내가 어떤 노력을 해도 별다른 결과물이 없다고 여길 때는 그 사람의 '노력성과' 기대는 아주 낮다. 반면 내가 노력한 만큼 어떤 성과가 있을 때는 '노력-성과' 기대는 아주 높으며, 이는 사람들의 동기를 유발시키는 데 필수다.

2. 성과보상 : 좋은 성과에 맞는 보상을 받을 수 있을까에 대한 기대.

자신이 업무를 통해 제대로 된 평가를 받았다면 어떤 대가나 보상을 기대한다. 자신이 노력을 해서 급여 인상이나 승진 같은 보상이 이루어졌다면 그 사람은 앞으로 더 의욕적으로 일을 할 것이다. 이것은 아주 좋은 동기 유발이 된다.

3. 보상-개인의 목표 : 보상이 개인의 목표에 맞는 것일까?

조직의 보상은 개인의 목표를 만족시켜줘야 한다. 보상에 대한 생각은 사람마다 다 다르다. 어떤 사람은 금전적 가치를 높게 둘 것이고, 어떤 사람은 금전적 가치보다 인정을 더 중요하게 생각할 것이다. 성과를 올린 직원이 자신의 개인적 목표에 맞는 보상을 받을 때 동기는 극대화된다.

기대 이론과 관리

첫째, 높은 '노력성과' 기대를 결정하는 것은 두 가지다. 먼저 성과의 표준이 합리적이어야 한다. 노력을 한다면 목표에 도달할 수 있다는 것을 보장해야 한다. 다음은 직원들의 능력과 업무가 조화를 이루는지를 살펴야 한다. 만약 능력이 미치지 못한다면 '노력-성과'기대는 낮을 수밖에 없고 적극성은 떨어진다.

둘째, 성과에 따른 보상이 있어야 하며, 성과를 토대로 하는 포상 제도를 마련해야 한다. 직원이 조직에 공헌을 했지만 어떤 보상도 되돌려 받지 못한다면, 시간이 흐를수록 그 사람의 적극성은 사라지고 말 것이다.

셋째, 보상이 개인의 필요를 채워줘야 한다. 같은 포상이라도 사람에 따라 효과는 천차만별이다. 승진을 바라고 열심히 일한 직원에게 급여를 올려 준다면 아무런 효과도 거두지 못한다. 또 더 흥미진진하고 도전적인 일을 하기 원하는 직원에게 칭찬만 한다면 관리자가 기대하는 동기 유발 효과를 거둘 수 없다.

많은 사람들이 자신의 업무 속에서 동기 부여가 되지 않는 이유는 노력과 성과, 성과와 보상의 관계를 느끼지 못했거나, 받았던 보상과 자신이 받고 싶은 보상이 달랐기 때문이다. 직원들에게 최대한 동기 부여하고 싶다면 각 개개인의 목표가 무엇인지를 정확히 파악해서 노력-성과, 성과보상, 보상-개인적 목표 사이의 관계를 확실하게 인식시켜줘야 한다.

환영받고 있는 성과급 제도

생산량 기준 성과급 제도, 시간 기준 성과급 제도와 같은 개인 성과급 제도부터 업적 배분, 수익 배분과 같은 집단 성과급 제도까지, 성과를 근거로 임금을 지급하는 방식은 여러 가지가 있다. 이것들은 방식은 다르지만 관리자가 직원들의 실적, 성과에 따라 임금 수준을 결정한다는 점이 같다.

차별적인 성과급 제도는 최근에 여러 기업에서 환영받고 있다. 직원들은 성과 목표의 영향을 받아 더 열심히 일하게 되고 노력-성과, 성과보상의 관계가 강화된다. 또한 성과급제는 급여는 영구적으로 오를 수밖에 없다는 전통적 방법을 피함으로써 기업의 경비를 절감할 수 있다. 즉 직원이나 조직의 실적이 낮다면 성과급도 당연히 낮을 수밖에 없기 때문이다.

기대 이론은 개인의 기대치로 동기 부여 문제를 해석한다. 충족되기 전의 욕구는 단지 기대에 불과하다. 욕구는 행위의 원동력으로 기대를 통하여 표현된다.

만일 당신이 천재라면, 다른 어느 곳에 가서도 자신들의 쇼를 펼쳐 보일 수 있는 웰즈 파고의 역량 있는 경영팀 같은 게 필요 없다. 대신, 당신은 훌륭한 아이디어를 구현하도록 도와줄 수 있는 일군의 좋은 병사들만 있으면 된다. 그러나 천재가 떠나면 조력자들은 종종 난감해진다. 아니면 더 나쁜 경우, 대담하고 환상적인 행보로 선배를 흉내 내려다가 **천재도 아닌 사람이 천재처럼 행동하려다가** 실패하고 만다.

_ 짐 콜린스의《좋은 기업을 넘어 위대한 기업으로》중에서

5장

인사 심리학

적재적소에 사람을 배치하는 방법

사소한 행동 하나로

결정적인 변화를

만들어내는 행동심리학

모든 사람은 끝없는 승진을 꿈꾼다
피터 원리

01

대리로 있을 때 일을 잘하던 사람이 과장으로 승진하고 나서는 왠지 예전만큼의 성과를 내지 못할 때가 있다. 또는 과장으로 있던 사람이 부장이 되고 난 다음에는 이해하지 못할 결정을 하는 때도 있다. 일 잘하던 사람이 승진을 하고 난 뒤 갑자기 무능한 사람으로 전락하는 것은 무슨 이유 때문일까?

관리학자 로렌스 피터는 몇 천 개의 조직에서 승진에 실패한 사람들의 사례를 분석했다. 그 결과 위계 서열 조직 안에서 모든 구성원들은 무능해질 때까지 승진한다는 사실을 밝혀냈다. 다시 말하면 자신의 능력으로는 감당할 수 없는 위치까지 올라간다는 것이다.

예를 들어 과장의 직무까지는 원만히 수행하는 사람이 있다고 하자. 그의 능력이 과장의 직무는 수행할 수 있지만 부장이 되기에는 부족하다면 어떤 일이 벌어질까? '유능했던 과장'은 승진과 함께 '무능한 부장'이 되어 버린다. 관료제 조직에서는 무능해질 때까지 승진을 한다는 것이 피터 원리의 핵심이다.

도로시아 디토는 학창 시절 규칙에 순응하는 학생이었다. 리포트를 쓸 때에도 언제나 교과서와 참고서를 그대로 베끼거나 선생님의 강의 내용을 그대로 옮겨 써서 제출했다. 그녀는 무엇이든 시키는 대로 완벽하게 해내는 학생이었다. 그래서 아주 우수한 학생으로 인정받아 엑셀시어사범대학을 우등으로 졸업했다. 교편을 잡은 후에도 도로시아는 괜찮은 교사였다. 자신이 학생 때 했던 것처럼 교과서와 교과 과정 지도서에 있는 대로 가르쳤으며, 수업 시간도 정확하게 지켰다.

나름대로 괜찮은 평가를 받고 있던 어느 날 사건이 발생했다. 교실을 지나던 수도관이 터져 버린 것이다. 수도관에서 쏟아져 나온 물은 이내 교실 바닥을 가득 채웠다. 그런데 그녀는 아무런 조치도 취하지 않고 수업을 계속했다. 교장이 달려와서 수업을 중단시킨 후 소리쳤다.

"디토 선생, 교실이 물바다가 되었는데 수업을 진행하다니, 말이 됩니까?"

그녀는 이렇게 대답했다.

"비상벨 소리를 못 들었는데요. 비상벨이 울리지 않았어요."

이런 말도 안 되는 항변에 교장은 할 말을 잃었다.

도로시아는 우수한 학생이었지만, 교사로 재직하며 학교를 곤란에 빠트리는 일이 많았다. 결국 그녀는 승진할 수 없었다. 학생으로서는 유능했지만, 교사로서는 무능의 단계에 도달한 것이다.

런트는 우수한 학생이었고 유능한 교사이었으며 주임이었다. 교감이 된 후에도 런트는 교사와 학생, 학부모들과 잘 지냈으며 매우 유능했다. 결국 그는 교장 자리까지 올라갔다. 교장이 되기까지 그는 학교 이사회나 교육감을 직접 만나본 일이 없었다.

교장이 되고 얼마 안 돼서 그가 고위 관리자와 일하는 데 서툴다는 사실이 드러났다. 어떨 때는 두 학생의 싸움을 말리느라 교육감을 기다리게 한 적이 있었다. 병가를 낸 교사의 수업을 대신하느라 교육감이 요청한 교육과정개편위원회에 불참하기도 했다. 또한 학교 운영에 매진하느라 지역 단체 활동을 병행할 수가 없었다. 그는 학부모교사협의회 의장직이나 문학지도위원회 고문직도 거절했다. 이 때문에 런트의 학교는 지역사회의 지지를 잃었고, 런트는 교육감의 눈 밖에 났다. 부교육감 자리가 비었을 때 학교 이사회는 런트를 추천하지 않았다. 그는 은퇴할 때까지 무능한 교장으로 남아 있을 것이다.

새로운 직위는 새로운 능력을 요구한다. 과장의 일과 부장의 일은 다르다. 또한 부장의 일과 사장의 일은 다르다. 과장의 업무를 하듯 부장의 일을 하면 반드시 문제가 생기기 마련이다. 직위가 요구하는 능력을 모르면 승진이 오히려 위험 요인이 된다. 열심히 일을 해도 그것은 대리의 일일 뿐 과장의 일은 아니다. 그는 무능한 과장이 되어 버리는 것이다.

현재 자신의 직위에 맞는 일을 제대로 해내는 것은 물론 중요하다. 그러나 승진을 하려면 승진된 직책이 요구하는 능력이 무엇인지 알 아야 한다. 그 능력을 미리 쌓아 둘 때 기회가 온다.

키포인트

현대 사회의 계층제는 승진, 사직, 퇴직, 해고, 사망 등으로 인한 공석을 아래에 있는 사람들로 메운다. 사람들은 계층제 내에서의 승진을 성공의 사다리 오르기나 권력의 사다리 오르기로 본다.

가장 효과 있는 통제는 강제가 아니라 자율이다

요코야마 법칙

가장 효과 있고 지속력이 강한 통제는 강제가 아니다. 각 개인의 자율적 통제 능력을 촉발시키는 것이다. 이 말은 일본의 사회학자 요코 야마가 주장한 유명한 관리 법칙이다.

현명한 기업가는 직원들을 존중하고, 동기 부여에 많은 힘을 쏟고, 직원들의 필요를 이해하고 만족시켜주려 애쓴다. 그래야 직원들은 자신의 회사나 일에 대해 애착을 가지며 스스로를 잘 관리한다. 진정한 관리는 관리를 하지 않는 것이다.

"소프트웨어를 만들려면 마이크로소프트 사로 오라."

마이크로소프트 사 중국 연구개발부 직원들이 자랑스럽게 내뱉는 말이다. 마이크로소프트 사에서 소프트웨어를 만드는 것은 컴퓨터 엔지니어들이 꿈에 그리던 일이다. 왜 그런가? 마이크로소프트 사는 단단한 기술력도 강점이지만, 직원들에게 창의성을 발휘할 공간을 최대한 준다. 그래서 자기발전과 자기실현의 가장 이상적인 실현이 이루어진다.

마이크로소프트 사는 개인의 능동성을 충분히 발휘할 것을 강조한다. 직원들에게 강한 책임감을 심어주고 일에 대한 자유와 권리를 부여한다. 다시 말해 직원들에게 추상적인 업무를 주고 구체적으로 완성하게 하는 것이다.

여기에 대해 연구개발부의 마오용강은 느낀 바가 크다. 그가 1997년에 입사했을 때 주어진 업무는 워드 프로그램을 개발하는 것이었다. 대강의 자료는 있었지만 구체적으로 어떻게 작업하는지 아무도 알려주지 않았다. 미국 본사와 연락을 취해보았지만 알아서 하라는 답밖에 없었다. 하나의 제품을 측정할 때 정해진 규정이 없으면, 제품에 대한 자신의 이해 정도나 제품 설계의 특징, 소비자들의 사용 습관 등을 바탕으로 새롭게 고민할 수밖에 없다.

마이크로소프트 사는 공평한 회사다. 여기는 어떠한 특권도 없다. 빌 게이츠는 최근에서야 자신의 주차 공간이 생겼다. 그전에는 다른 직원과 마찬가지로 지각이라도 할 양이면 주차할 곳을 찾아 헤매야 했다. 공평하고 도전적인 회사 분위기는 직원들의 열정을 북돋웠고, 이 열정이야말로 가장 큰 관리 수단이었다. 마이크로소프트 사의 직원들은 스스로가 스스로를 관리한다.

직원들이 자율적 관리 능력을 강화하면 관리의 효율성은 크게 향상된다. 많은 중국 기업들도 이 부분을 중시하기 시작했는데, 청도의 아오커마는 귀감이 될 만하다.

중국 대형 기업 아오커마는 '직원들을 잘 대해라. 기업을 사랑하게 하라'를 모토로 하는 기업 문화를 건립했다.

아오커마는 인성화 관리와 직원들의 복지 증진을 중시하며 회사 발전을 추구한다. 몇 년 동안 회사는 직원들의 주택 문제를 해결했고, 기술교육을 진행했다. 직원들의 어려움 해결에서 업무 환경 개선, 통근차 운행까지 업무, 공부, 생활 모든 면에서 직원들의 필요를 충족시켜 주려고 회사는 노력했다. 작은 것 하나까지 챙기는 회사의 배려는 감동적이기까지 하다.

자료에 의하면 1995년부터 지금까지 아오커마는 1.7억 위안을 들여 직원들의 주택 문제를 해결했다. 아오커마는 현재 8,000명 이상의 직원을 두고 있으며, 농민공**살기가 어려워 대도시 등에서 취업을 하는 농민**이 직원의 반 이상을 차지한다. 회사는 계약이나 보험 등 모든 면에서 농민공과 일반 직원들의 차등을 두지 않는다. 기술 교육과 업무 교육을 통해 농민공의 경쟁력을 향상시켰고, 우수한 농민공은 중요한 자리에 기용했다. 현재 이 회사의 중간 간부 중에는 농민공 출신이 적지 않다.

시장 경제 아래에서 직원들과 기업은 이익 공동체다. 기업이 직원들에게 잘하면 직원들은 기업에 대한 충만한 감정을 갖게 된다. 아오커마의 직원들은 업무에 대해 아주 적극적이고 자기관리 능력도 강하다. 특히 합리화 방안에 대한 건의는 열기가 아주 높았다.

직원 왕이자오 등은 업소용 냉장고의 생산 비용을 절감하기 위해 냉장고 구조를 고쳤다. 이 아이디어는 280만 위안의 생산비 절감을 가져왔다. 자오딩융은 냉장고 생산 라인에 기술 개량을 해서 80만 위 안의 이익을 창출했다. 통계에 따르면 직원들이 내놓은 합리화 방안은 3,200건에 달했고, 그 중 1,560건이 채택되었다. 이렇게 채택된 방안은 6,300만 위안의 이익을 가져왔다.

'직원들을 잘 대해라. 그래서 기업을 사랑하게 하라.'

기업과 직원 사이의 윈윈 전략은 기업 발전에 박차를 가한다. 아오커마의 매년 매출액은 20%의 폭으로 증가했고, 직원들의 평균 임금은 현지 평균 수준을 넘어섰다.

직원들의 자기관리 방법을 촉진시키기 위해 회사는 직원들의 작은 이익에서 출발해야 하고, 직원들의 실질적인 문제들을 해결해주는 것이 필요하다. 직원들에게 자기발전의 기회를 주고 즐겁게 일할 수 있는 업무 환경을 제공해주어야 한다. 기업이 솔선해서 이 부분을 해낼 때 직원들은 자연스럽게 회사와 하나가 될 수 있으며, 자기관리 능력도 향상된다.

키포인트

관리를 하는 과정 속에서 관리자는 구속과 통제를 강조하기 쉽다. 그러나 이런 식의 관리는 오히려 역효과를 낸다. 만약 사람의 적극성을 끌어내지 못하면 규정은 더 많아지고, 관리 비용은 더 많이 든다.

20%가 80%를 이긴다
파레토 법칙

이탈리아의 경제학자 파레토는 이탈리아 재력의 80%를 이탈리아 인구의 20%가 소유하고 있다고 밝힌 바 있다. 비단 경제 영역뿐 아니라 사회 속의 많은 일들이 80:20의 형태를 띠고 있다.

80:20 법칙은 사회 활동의 각 부문에 걸쳐 있고, 사람들이 동감하는 이론이다. 파레토 법칙은 세계가 불공평함으로 가득 차 있다고 역설한다. 기업을 예로 든다면, 80%의 이윤은 20%의 사업 영역이나 고객에게서 나온다. 경제학자들은 20%의 사람들이 80%의 재력을 장악하고 있다고 하고, 심리학자들은 20%의 사람들에게 80%의 지혜가 집중되어 있다고 한다.

80:20 원리가 우리에게 시사하는 중요한 점은 무엇일까? 사소하고 잡다한 많은 일에 시간을 낭비하는 것을 최대한 피하라는 것이다. 당신은 보다 중요한 일들에 치중하여야 한다. 20%의 시간을 쓰고도 80%의 효과를 볼 수 있으니 말이다. 업무 중 중요한 소수의 문제에 치중하라. 20%의 에너지를 쏟아 80%의 결실을 거둬라.

파레토 법칙은 비교적 광범위하게 쓰인다.

1. 기업 관리

파레토 법칙을 기업에 응용하려면 우선 자신의 회사가 어느 방면에서 이윤을 올릴지, 어느 방면에서 손해를 볼지 명확히 해야 한다. 이윤을 올릴 부문에서는 회사 성장에 필요한 전략을 확실하게 짜야 한다. 이윤을 창출할 수 있는 곳은 소수이므로 더 많은 관심을 기울여야 한다.

2. 인력 자원 관리

대부분의 직원들은 아주 바쁜 듯이 보인다. 그러나 사실은 회사의 발전을 위해 어떤 가치를 창출하느라 바쁜 것은 아니다. 업무에 필요한 핵심 인력을 찾아서 효율적으로 배치하라. 인력의 유실을 최대한 막아라. 20%의 정예 인력, 20%의 중점 상품, 20%의 중점 고객, 20%의 중요 정보, 20%의 중요 사업은 무엇인가를 연구하라. 에너지를 그 20%에 쏟고, 거기에 맞는 전략을 구사하라.

3. 인간관계

우리가 아는 사람들 가운데 절반 이상은 그냥 이름만 아는 정도다. 소수의 관계가 가지는 감정의 가치는 기타 관계의 그것과 맞먹는다. 적더라도 감정이 깊은 교류는 얕고 넓은 관계보다 좋음은 말할 것도 없다. 그래서 우리는 80%의 시간을 20%의 중요한 인간관계에 써야 한다.

4. 인생 계획

사람의 특기나 장점은 많다. 그러나 진정으로 발휘되는 것은 적다. 자신의 장점이 무엇인지 파악하고, 자신이 좋아하는 것이 무엇인지 찾아라. 인생에서 진정으로 해야 할 일이 무엇인지 찾은 사람은 성공한 인생이라고 할 수 있다. 자신의 정력을 중요한 일, 중요한 사건에 집중하라.

80:20 법칙은 적은 투자로 최대의 효과를 올리는 것이다. 업무에 따른 성과의 80%가 20%의 시간을 투자한 데서 나온다. 그렇다면 당신이 일에 매달린 5분의 4의 시간들은 별로 중요하지 않았거나, 일과 커다란 관련이 없었다는 결론이 나온다.

우리 생활 속에서도 80:20의 예는 많다. 80%의 범죄는 20%의 범죄자들이 저지르는 것이다. 20%의 운전자가 80%의 교통사고를 일으킨다. 20%의 아동들이 80%의 교육 자원을 누린다. 우리가 자주 입는 옷은 전체 옷의 20%에 불과하다. 내연 기관의 작동 원리는 80:20을 설명 하기 좋은 예다. 내연 기관이 연소될 때 80%의 에너지는 낭비되고 남은 20%의 에너지로 가동된다. 20%의 투입으로 100%의 에너지를 내는 것이다.

파레토 법칙을 이용하려면 무엇이, 어느 지점이 중요한 20%인지 아는 것이 먼저다. 습관적으로 일하는 사람들은 평생 동안 일해도 자기 업무에서 중요한 20%가 무엇인지 모른다. 성장이 빠른 사람들, 남들보다 빨리 성공하는 사람들은 생각하면서 일을 함으로써 더 빨리 20%를 찾아낸다.

키포인트

한 조직의 생산 효율과 미래의 발전은 소수의 중요한 인물에 의해 결정되곤 한다. 이런 사람들은 기업이 대부분의 이익을 얻는 데 도움을 준다.

자기보다 강한 사람을 기용하라
환경 법칙

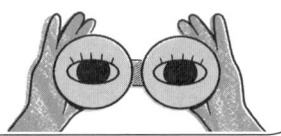

만약 자기보다 실력이 낮은 사람만을 기용한다면 당신의 회사는 형편없는 회사로 전락할 것이다. 자기보다 우수한 사람을 기용해서 쓴다면 당신은 반드시 강자가 된다. 주변 환경을 강하게 만들어야 자신도 강해진다는 것이다.

중국 속담에 '자신이 어떤 사람이 되고 싶으면 반드시 그러한 환경을 선택해야 한다'는 말이 있다. 자신이 도덕적으로 고상한 사람이 되고 싶으면 그런 사람을 이웃으로 삼아야 한다. 설령 치르는 대가가 클지라도 가치가 있다. 기업 관리도 마찬가지다. 관리자에게 있어서 이웃이란 동료나 상사 혹은 직원들이다. 우수한 상사를 만나는 것은 사실 어렵지 않다. 어려운 것은 좋은 직원을 자신의 밑에 두는 일이다.

사무엘 스펜서는 미국 남부 출신으로 아주 총명했다. 남북 전쟁 당시에는 기병으로 참전했고, 전쟁 후에는 조지아 대학에서 공학을 공부했다. 졸업 후 그는 볼티모어&오하이오 철도에 들어갔다. 이 회사는 거의 파산 직전이었는데, 스펜서는 자신의 능력을 발휘해서 빈사 직전의 회사를 살려 놓았다.

당시 회사의 사장은 모건이었는데, 모건은 자신보다 10살 아래인 스펜서의 경영 관리 능력을 알아보았다. 모건은 스펜서가 자신보다 뛰어나지만 CEO로 임용했고, 스펜서는 모건의 기대를 저버리지 않았다. 스펜스는 탁월한 경영 능력을 발휘, 800만 달러의 회사 부채를 갚았다. 그는 후일 모건의 오른팔이 되었다.

당신의 부하가 탁월한 능력을 가진 정예군이라면 당신이 천하를 얻기는 쉽다. 다음의 몇 가지만 염두에 둔다면 그리 어렵지 않다.

1. 사람의 장점을 수용하라

사람들의 장점을 잘 수용하지 않는 이유는 자신의 자리가 다른 우수한 사람으로 대체될 것 같은 위기감 때문이다. 생각을 조금만 바꾸어 보자. 한 기업가는 이런 말을 했다.

"자기보다 우수한 사람을 기용하면 내 지위가 상승한다. 우수한 사람들은 업무의 효율을 증진시키고, 당신의 인재 기용이 성공적이어서 당신의 명성도 올라간다."

2. 완전무결하기를 바라지 마라

우수한 사람은 주관이 뚜렷하고 창의성이 있으며, 시류를 쫓아가지 않는다. 조직에 효율을 가져다주고, 어려운 국면을 타개시켜줄 것이다. 이런 과정에서 인재들은 전통이나 권위 혹은 리더와 의견이 맞지 않을 수도 있다. 어떤 창조, 어떤 개혁도 100%의 성공은 있을 수 없다. 실수나 실패가 있더라도 리더는 포용할 수 있는 아량을 갖춰야 한다.

우수한 인재를 기용할 때는 그에게 완전무결함을 요구해서는 안 된다. 지나친 완벽함을 요구하면 사람의 적극성은 억압당하고 지혜는 충분히 발휘되기 어렵다. 지나치게 신중해서 진취적이고 창조적인 상상력을 발휘하기 힘들다. 활력을 잃게 되고 경쟁력과 임기응변 능력이 떨어진다. 이것은 인력에 대한 엄청난 낭비이다. 인재도 사람이고 그에게도 장점과 단점이 있다.

3. 실패를 인정하라

미국의 관리학자 톰 피터스와 낸시 오스틴은 중소기업과

학교, 군사조직 등 수십 개의 조직을 고찰한 결과, 가장 우수한 조직은 실패를 인정하는 조직이라는 결론을 얻었다. 씨티뱅크, 제너럴일렉트릭, 펩시콜라 모두 실패는 정상적으로 나타나는 현상이라고 주장하며, 심지어 합리적 실수는 포상을 해야 한다고 하였다.

자기보다 강한 사람을 고용한다면 거대한 회사가 된다. 자신보다 능력이 떨어지는 사람을 고용한다면 그들이 하는 일은 당신보다 못할 것이 분명하다. 결국 그러한 사람들로 꾸려지는 회사가 어떻게 될지는 뻔하다.

키포인트

사람을 고용하든 일상생활 속에서든, 항상 자신보다 강한 사람을 통해 배워라. 자신보다 강한 사람을 가까이 둘 때 끊임없이 진보하고 발전한다.

05

경영자의 일은 적당한 사람을 선택하는 것이다
웰치 원칙

"우리의 일은 적당한 사람을 고르는 일이다. 업무에 가장 적당한 사람이 가장 이상적인 사람이다."

'경영자 중의 경영자' 잭 웰치의 원칙이다. 그가 가장 위대한 CEO 중 한 명으로 평가받는 이유는 끊임없이 인재를 양성했기 때문이다. 웰치의 원칙은 그가 평생에 걸쳐 인재를 쓰고 인재를 길러낸 경험의 완결판이라 할 수 있다. 다른 CEO와 달리 잭 웰치는 50% 이상의 시간을 인사 문제에 썼다. 그는 1,000명 이상의 고급 관리자의 이름을 부를 수 있었고, 그들의 직무가 무엇인지 알고 있었다.

웰치의 인사 관리 비결은 자신인 직접 고안한 '활력 곡선'에 있다. 한 조직에서 가장 우수한 인력은 20%이다. 70%의 사람은 중간 정도이고 10%는 열등하다. 조직은 이처럼 동적인 곡선을 그리고 있다. 유능한 경영자는 반드시 처음의 20%와 마지막 10% 직원들의 이름과 직위를 외우고 있어야 한다. 그리고 이 직원들에 대한 정확한 상벌 규정을 적용해야 한다.

사우스웨스트항공은 직원들에게 열정과 성실과 유머 감각을 가질 것을 요구한다. 이 회사는 직원을 채용할 때 틀에 짜인 규정을 따로 두고 있지 않다. 마치 할리우드가 배우 오디션을 하는 것처럼 자유롭다.

1차는 집단 면접. 모든 응시자는 자신이 가장 창피했을 때와 무안했을 때를 말한다. 면접관은 승무원, 관리자, 고객 평가단으로 구성되어 응시자들을 평가한다. 사우스웨스트항공이 고객 평가단을 참가시키는 이유는 우수한 승무원은 고객이 가장 잘 판단한다는 생각과 고객이 원하는 승무원을 양성하기 위해서다. 1차 시험에 통과한 응시자들은 2차 심층 면접에 임하게 된다. 이때 면접관은 응시자가 특정한 심리 자질을 가지고 있는지 테스트한다.

새로 뽑힌 직원들은 1년 동안의 수습 기간을 거친다. 수습 기간동안 관리자와 기타 승무원들은 신입 직원이 회사에 적합한지 않은지를 판단한다. 부적임자에게는 해고 통지를 보내는데, 사우스웨스트항공에서 이런 일은 거의 일어나지 않는다. 부적임자는 자신이 먼저 회사에 적합하지 않음을 알아차리고 회사를 그만두기 때문이다. 남다른 인재 선발 전략을 통해 사우스웨스트항공은 줄곧 수준 높은 서비스와 30년 흑자 경영을 유지할 수 있었다.

관리란 아주 간단하다. 바로 적임자를 찾는 것이다. 적임자를 직위에 두고, 그가 창의성을 발휘하며 일을 잘하도록 격려하면 되는 것이다. 경영자가 직원들의 장단점에 따라 기동성 있게 업무를 배치해야 조직은 최대한의 효율을 발휘한다.

직급이 올라갈수록 구체적인 업무보다는 인재를 관리하는 데 집중해야 한다. 구체적인 업무에 집착하다보면 정작 상급자의 임무인 인재 관리를 놓치게 된다. 자신이 모든 일을 하겠다는 욕심을 버리고 누가 그 일에 적임자인지를 알고 그에게 위임하는 것이 능력 있는 관리자의 자세다.

키포인트

웰치는 가장 좋은 인재를 뽑아 쓰는 것이 경영자의 책임이라고 하였다. 웰치는 "경영자는 매일 세계 각지의 가장 우수한 인재들을 초빙하라. 자신의 직원을 사랑하고, 자신의 직원들을 안아주고, 동기 부여하라"고 했다.

기업에 활력을 불어넣어라

메기효과

옛날 노르웨이 사람들은 바다에서 정어리를 잡아 산 채로 항구에 들여오면 아주 높은 가격을 받을 수 있었다. 하지만 단 한 척을 제외하고는 정어리를 산 채로 잡아 오는 어선이 없었다. 이 배와 다른 배 사이의 차이점은 정어리 사이에 메기 한 마리를 집어넣는 것이었다. 메기는 정어리 사이에 들어간 후 낯선 환경 때문에 정신없이 사방을 돌아다닌다. 자신과는 다른 물체를 본 정어리들은 더 긴장해서 헤엄 속도를 빨리하게 된다. 열심히 수조를 돌아다니며 항구에 도착한 정어리들이 살아 있는 것이다.

메기 효과는 외부 인력을 영입해서 조직 구성원들의 경쟁심을 촉발시키는 것이다. 현재 많은 기업이 공개 채용 방식으로 직원을 채용하는 것은 메기 효과의 좋은 예라 할 수 있다. 사람들에게 위기감을 심어줘서 일에 더 몰두할 수 있게 하는 것이다.

조직에 활력이 부족하고 효율이 떨어진다면 '메기'를 영입해보는 것은 어떨까? 메기들이 물속을 헤집고 다니면 긴장한 정어리들이 활발하게 움직이기 시작한다. 메기 효과를 조직 인력 자원 관리에 잘운용하면 예상치 못한 효과를 거둘 수 있다.

일본 혼다자동차의 회장 혼다 쇼이치로는 조직이 구심점을 잃고 느슨해진데다 인력의 과포화 현상이 회사의 발전을 가로막고 있다고 보았다. 그렇다고 정리 해고를 시키는 것은 바람직하지 않아 보였다. 노조의 압력과 회사 손실은 계속되었고, 혼다는 골머리를 앓았다. 이때 부총재가 메기의 일화를 들려주었다.

아이디어를 얻은 혼다는 인사 개혁을 단행하였다. 특히 실적이 지지부진하던 영업부에서 메기 효과는 탁월한 성과를 거두었다. 과거의 영업부장은 고루하고 보수적인 스타일이었다. 그의 성향은 직원들에게 심각하게 영향을 끼치고 있었다. 혼다는 새로운 영업부장을 스카우트해 왔다.

신임 부장은 먼저 회사의 영업 방침을 세우고 기존 시장 실태를 파악했다. 시장 개척의 새로운 계획을 설정하고 정확한 상벌 규정을 세웠다. 신임 부장의 풍부한 영업 경험과 지식, 일에 대한 열정은 회사 전 직원들의 호평을 받았고, 영업부 직원들은 예전에는 없던 활력을 띄게 되었다. 회사의 매출액은 급상승했고, 유럽이나 미국 시장에서 지명도를 올릴 수 있었다.

혼다는 매년 외부에서 기동력 있고 민첩한 사고를 지닌 30세 전후의 인력을 영입한다. 어떨 때는 상무이사 같은 '일급 메기'들도 영입한다. 이렇게 되자 회사 내의 정어리들은 강한 전류에 감전되는 듯한 느낌을 받았다.

메기의 수가 많지 않아도 조직은 강해진다. 메기의 에너지는 폭탄을 능가한다. 메기 효과를 인력 자원 관리에 도입하고자 할 때, 메기 제도를 어떻게 장악할 것인가가 성패를 좌우한다.

인력 이동이 거의 없이 고정되어 버리면 조직은 활력을 잃고 만다. 타성에 젖은 조직은 경쟁력을 잃는다. 외부에서 어떤 자극을 받아야 직원들은 긴장하게 되고 진취적인 마음을 갖게 된다.

키포인트

스트레스를 받으면 약화된 상황을 극복하고 발전적 삶을 모색하기 위해 사람들은 다른 사람들보다 더 노력을 한다. 적당한 경쟁은 윤활유 역할을 해서 사람 속에 잠자고 있는 잠재력을 최대한 끌어낸다.

중요한 것은 흡인력이다

천리마 효과

사회는 인재를 필요로 하고 인재는 거기에 부응해서 생겨
난다. 인재의 능력에 걸맞게 대우를 조정하고 적절한 직위에
배치시키는 기업은 인재들에게 강한 흡인력을 가진다. 많은 기
업들이 이와 같은 인력 자원 관리 이념을 제창하고 있다. 다시
말해 좋은 대우로 인재들을 부르고, 매력적인 업무로 동기를
유발한다.

기원전 314년 연나라에 내란이 일어났다. 이웃한 제나라는
이 틈을 타 출병을 해 연나라의 영토 일부를 점령했다. 연조왕
은 국왕이 된 후 내란을 수습했다. 그리고 나라가 제 모습을 찾
으면 빼앗긴 국토를 되찾아오겠다고 결심하였다. 나라를 강성

하게 하려면 무엇보다 인재가 중요했다. 하지만 모이는 인재는 많지 않았다. 연조왕은 곽외라는 명사에게 도움을 청해 어떻게 인재를 모을 수 있는지를 물었다. 곽외는 연조왕에게 이야기를 하나 들려주었다.

옛날에 한 임금이 있었다. 그는 천리마 한 필을 사고자 하였다. 3년이 지났지만 천리마는 살 수 없었다. 임금 밑에는 별로 유명하지 않은 신하가 있었는데, 자신이 가서 천리마를 사 오겠다고 하였다. 임금은 동의했다. 신하는 3시간만에 좋은 말을 가진 사람이 살고 있는 곳을 알아냈다. 신하가 그 집에 도착했을 때는 이미 말이 죽은 뒤였다. 신하는 500금을 주고 말 뼈를 사가지고 돌아와 임금께 드렸다. 임금은 비싼 값을 주고 말 뼈를 사와 화가 났다. 하지만 신하는 당당하게 대답했다.

"전하께서 죽은 말의 뼈를 500금에 샀다는 소문이 퍼지면, 살아 있는 말이라면 더욱 좋은 값에 살 거라며 많은 천리마들이 모여들 것입니다."

신하의 말대로 얼마 안 되어 어떤 사람이 임금께 3필의 천리마를 바쳤다.

곽외는 이야기를 마친 후 연조왕에게 말했다.

"전하께서 진심으로 인재를 쓰고 싶으시면 이야기 속의 임금처럼 세상 사람들에게 전하의 진심을 알리는 것이 필요합니다. 만약 저 같은 사람이 중용된다면 저보다 재능 있는 사람들이 전하께로 달려올 것입니다."

연조왕은 일리가 있다고 생각하고 곽외를 스승으로 삼고 높은 대우를 해주었다. 또 황금대라는 인재 양성소를 짓게 하였다. 소식이 전해지자 인재들이 연나라로 몰려들었다. 20년의 시간과 노력을 들여 연나라는 강성해졌고, 마침내 제나라를 꺾고 빼앗겼던 영토를 되찾을 수 있었다.

인재는 강국의 토대이다. 인재를 등용할 때 진실하고 성의 있는 마음가짐은 정말 중요하다. 연조왕은 찾아온 사람이 그가 원하던 인재가 아니라고 무시하지 않았다. 좋은 대접을 해줌으로써 세상 사람들에게 자신이 인재를 존중한다는 것을 보여주었다. 연조왕의 진심이 통해 사방에서 인재가 몰려들었다.

인재를 잡을 수 있는가 없는가에 기업의 성패가 달렸으며, 좋은 업무 환경의 제공은 그 중 핵심적인 요소다.

"사람들은 누구나 완벽한 아름다움과 창조성을 추구하려고 한다. 적합한 환경만 제공해준다면 누구나 성공할 수 있다."

이것은 휴렛팩커드가 신봉하는 원칙이다. 이 신념을 토대로 회사는 직원들에게 자유롭고 화목한 업무 환경을 제공했고, 직원들을 신임하고 존중했다. 좋은 업무 상황 속에서 직원들은 재능과 상상력을 충분히 제공할 수 있었다. 인력자원관리부 역시 큰 역할을 담당했는데, 회사 내부의 협조적인 인간관계에 주의를 기울였을 뿐 아니라, 많은 강좌들을 무료로 개설하여 직원들의 교육과 양성에 힘썼다. 직원들은 매일 오전 휴식 시간에 음악으로 기분을 조절하거나 헬스를 하며 스트레스를 풀

수도 있다. 이런 시스템은 직원들의 호응을 얻었고, 직원들의 회사에 대한 충성도는 증가했다.

사람을 사람으로 귀하게 여기는 사람에게 인재가 몰린다. 중요한 인재를 중요하게 대접해주는 것은 누구나 할 수 있다. 그러나 그런 사람에게는 인재가 몰리지 않는다. 인재가 아니라면, 혹은 슬럼프에 빠지기라도 하면 금세 푸대접을 받을 것이기 때문이다.

키포인트

인재가 일을 더 잘할 수 있게 하려면 관리자는 좋은 업무 환경을 제공하라. 좋은 환경 속에서 심신은 편안함을 느끼며 자신의 잠재력을 최대한 발휘하게 된다.

사람의 행동심리를
제대로 읽는 레시피 5

사람들은 누구나 비교를 한다

어떤 사람이 자신의 월급과 대우에 만족하고 있었다. 그런데 어느 날 동료가 자신보다 높은 월급을 받는 것을 안다면 만족은 단번에 불만족으로 바뀔 것이다. 사람들은 자신의 투입과 산출을 타인과 끊임없이 비교한다. 비교를 통해 불공평함을 느꼈다면 이후 업무 수행에 큰 영향을 미친다. 미국의 심리학자 아담스의 공평 이론은 이런 심리 상태의 원인을 설명해준다.

공평과 동기화

사람들은 의식하든 의식하지 않든, 자신이 투여한 노동과 얻게 된 보수를 타인과 비교한다. 혹은 자신의 현재 노동과 보수를 과거의 것과 비교하기도 한다. 만약 타인보다 못하거나 과거보다 못할 경우 불공평함을 느끼며, 일에 대한 적극성은 떨어진다.

투입 요소		동기부여 요인
지식	능력	월급
학력	교육	승진
연령	재력	인정
성별	충성도	안전
노력	시간	개인의 발전
건의	경험	수당
과거의 실적	현재의 실적	교류의 기회
서열 지위	업모의 난이도	생활 복지
책임의 경중	업무의 위험도	기회

흔히 볼 수 있는 투입과 산출의 요소표

위의 표를 통해서도 알 수 있지만, 분배 공평감은 주관적인 판단과 느낌이고, 심리 요인이 크게 작용한다. 분배 공평의 표준이 되는 것도 개성, 욕구, 동기, 가치관 등 개인의 요소에 의해 결정되므로 사람마다 차이가 있다.

불공평함을 느끼게 하는 세 가지 요인

공평 이론에서 사람들이 비교하는 대상은 중요한 변수로 작용하는데,

크게 타인, 제도, 자아의 세 가지로 나눌 수 있다.

여기서 타인은 한 조직 안에서 같은 업무를 하는 동료, 친구, 이웃 혹은 같은 업종에 종사하는 사람 등이 될 수 있다. 직원들은 떠도는 말이나 인터넷, 신문, 잡지 같은 언론 매체를 통해서 임금 기준이나 노사 협약에 관한 정보를 알게 된다. 정보의 토대 위에서 자신의 수입과 타인의 수입을 비교하게 되는 것이다.

제도란 한 조직 내에서 임금 정책의 과정이나 운용을 비교하는 것이고, 자아란 업무에서 자신이 투자한 것과 얻은 것의 비율을 따져보는 것이다.

불공평함을 느낄 때는 일반적으로 다음과 같은 방법을 취한다.

❶ 자신과 타인의 투자와 수익을 곡해한다.

❷ 어떤 행위를 취해 타인의 투자와 수익을 바꾸고자 한다.

❸ 어떤 행위를 취해 자신의 투자와 수익을 바꾸고자 한다.

❹ 다른 비교 대상을 선택한다.

❺ 회사를 그만둔다.

공평 이론과 임금의 배분

❶ 노동 시간에 의거해서 임금을 계산

이런 산술법으로 받게 되는 임금이 월급으로 계산할 때보다 많은 경우, 그 사람의 생산성은 당연히 높아진다. 이 방법은 생산품의 질과 양을 높일 수 있다. 하지만 월급보다 시간당 계산한 임금이 낮은 경우 사람들의 생산력은 저하된다. 시간으로 계산하든 월급으로 계산하든, 임금이 비슷한 경우에도 생산력 저하 현상이 일어난다.

❷ 생산품의 질이나 생산량에 따라 임금을 지급

이런 임금 지급 방식은 생산의 질과 양을 담보하기 위해 사람들을 노력하게 만든다. 그러나 수량만 강조하게 되면 불공평을 초래할 수도 있다. 중요한 건 수량이 아니라 질이기 때문이다.

월급으로 받는 직원보다 생산량에 대해 지급한 임금이 낮거나 비슷한 경우, 생산량은 높으나 생산품의 질은 떨어진다. 생산품의 수량만 중시하고 질은 별로 신경 쓰지 않는 직원들에 대해서 어떠한 포상도 하지 않으면 이 방식은 공평할 수 있다.

공평 이론에 의하면 조직의 구성원들은 자신의 업무에 대한 투여와 산출을 가늠해보는 경향이 있다. 그들은 자기 보수의 절대적 가치 외에 상대적 가치도 따진다.

6장

유능한 관리자가 갖춰야 할
5가지 심리 자질

사소한 행동 하나로

결정적인 변화를

만들어내는 행동심리학

관리자가 가져야 할 심리 자질
심리 수준

관리자의 관리 방식에는 여러 가지가 있다. 기회를 잘 포착하는 형, 우유부단한 형, 강한 신념 형, 조삼모사 형, 어려움을 용감하게 뚫고 나가는 형, 어려움이 보이면 즉각 물러서는 형 등 이렇게 다양한 관리 방식은 관리자의 심리 자질에서 기인한다. 관리자가 조직을 효과적으로 관리하는 것과 그의 심리 자질은 직접적인 관련이 있다.

관리자가 갖춰야 할 심리 자질은 다음과 같다.

1. 지혜로워야 한다

일을 하거나 공부를 하거나, 생활의 모든 영역에서 지혜로

움은 필요하다. 지혜로운 관리자는 직원들을 성장시켜 인재로
만들 수 있다.

2. 정확하게 자신을 알아야 한다

성숙하고 건강한 관리자는 자신의 장점은 물론 단점도 정
확하게 인식한다. 자신감은 넘치지만 자만하지 않으며, 자성은
하지만 자기 비하로 흐르지 않는다.

3. 충만하고 안정된 마음을 가져야 한다

관리자는 충만하고 안정적이며 자기통제력이 뛰어나야 한
다. 언제나 평상심을 유지하고 즐거운 마음으로 일을 대하는
관리자, 다른 사람들의 심리 상태를 잘 파악하는 관리자는 강
한 전염력이 있다.

4. 강한 의지를 가져야 한다

강한 정신의 소유자는 의지력이 강하고 백절불굴의 정신을
가지고 있다. 이런 기질을 가진 관리자는 어떤 문제이건 목적
의식이 분명하고 결단력이 있다. 어려움을 만나더라도 의지가
꺾이지 않으며, 목표가 달성되지 않는 한 결코 포기하는 법이
없다.

5. 좋은 인간관계를 가져야 한다

마음이 건강한 관리자는 인간관계가 원활하기 마련이다. 언제나 숲을 바라보려 하고 전체를 고려한다. 원칙에 따라 일을 처리하며, 작은 일에는 단결을 강조한다. 타인을 존중하고 이해하며, 자신에게는 엄격하고 남에게는 관대하다. 부하 직원의 진보와 발전을 늘 염두에 두고 진정으로 그들이 자신을 능가하기를 바란다.

6. 고상한 인격을 가져야 한다

강하고 업무 능력이 뛰어난 관리자는 고상한 인격을 가지고 있다. 사람들은 그의 인격에 강하게 매료되고, 그의 행위들은 강한 호소력을 갖는다. 그래서 우수한 인재들은 그의 곁을 떠나지 않으며, 기꺼이 조직과 운명을 함께 하고자 한다.

7. 강한 사업적 마인드를 가져야 한다

우수한 관리자는 강렬한 승부 근성과 사업적 마인드를 가지고 있다. 그는 사업에서 어떤 성취를 이루고자 하며, 자신의 꿈을 이루려 는 강한 결심을 가지고 있다. 또한 조직 발전을 위해 노력하며 끊임없이 분투한다.

키포인트

심리 자질이 우수한 관리자는 사람들로 하여금 신뢰하게 만들고 친밀감을 느끼게 한다. 이러한 관리자는 직원들의 적극성을 잘 끌어내며, 직원들의 집중력과 진취성을 강화시켜 조직 내부의 단결을 공고히 한다. 이것들은 조직의 발전과 목적 달성에 도움이 되는 요소들이다.

02

타인을 정확하게 판단하고, 자신을 정확하게 알아라
감각과 지각

관리자의 주 업무는 사람을 관리하는 것이다. 직접 업무에 뛰어들어 성과를 낸다기보다 직원들을 적재적소에 배치해 그들로 하여금 성과를 내도록 하는 것이 관리자의 일이다. 그러자면 무엇보다 직원들을 잘 알고 있어야 한다. 심리학자가 아니더라도 잘 관찰하기만 한다면 그들의 심리 상태를 읽을 수 있다.

관리자와 직원들은 교류를 통해 서로에게 어떤 인상을 남기기 마련이다. 이때 인상은 외부의 특징뿐만 아니라 사람의 분위기, 성격, 교육 정도 등 내면적 요소도 포함된다. 관리자는 이러한 특징을 바탕으로 직원들을 판단하게 된다.

사람의 표정은 기분이나 행동의 동기 등을 제공하는 실마리다. 사람의 감정은 의식적이든 무의식적이든 표정을 통해 드러난다. 그래서 타인을 인식할 때 우선 표정을 통해 상대방의 동기나 기분, 태도를 이해할 수 있다.

얼굴 표정은 희노애락의 변화 같은 심리적 상태를 잘 드러낸다. 또한 음량, 음색, 어조, 말의 속도 등을 통해 한 사람의 성격을 알 수 있다. 가령 성격이 명랑한 사람들은 목소리가 크고 톤이 높고 말의 속도가 빠르다. 인체 각 부위의 동작에도 표정이 있다. 상심에 젖으면 고개를 푹 숙인다거나, 초조할 때 다리를 떠는 것 등이다.

관리자는 사람의 겉모습만 보고 그 직원의 성격을 판단하기 쉽다. 성실하고 지시를 잘 따르는 직원이 있다고 하자. 관리자는 그에 대해 일을 잘하며 교활한 사람이 아니라고 판단할 수 있다. 그러면 높은 평점을 주거나 중요한 자리에 추천을 할 수도 있다. 그러나 실제로는 그 반대일 수도 있다. 성실한 척, 지시를 잘 따르는 척할 수도 있다는 말이다. 관리자는 한 사람을 평가할 때 정확하고 종합적인 판단을 하는 것이 필요하다.

직원에 대한 정확한 인식도 중요하지만, 자신에 대해서도 정확하게 인식하고 있어야 한다. 자신의 능력, 가치, 태도 등 자신에 대해 객관적 평가를 내려야 한다.

사실 자신에 대해서 정확한 평가를 내리는 것은 어렵다. 이럴 때는 다른 사람과의 비교를 통해 평가를 해볼 수 있다. 사회 심리학자 쿨리는 "타인의 자신에 대한 평가는 자기평가의 좋은 거울이다"라고 했다. 다른 사람이 자신에게 한 칭찬과 비난은 자신에 대한 평가를 내릴 때 풍부한 정보를 제공한다. 관리자는 홀로 고고하게 피어 있는 꽃이 아니다. 동료나 직원들 사이에서 자신을 비교 분석할 때 자신의 결점을 알 수 있고 자신감을 키워나갈 수 있다.

키포인트

현대 조직에서 경영자의 역할은 다양하다. 조직 구성원이면서 교육과 선전도 담당해야 하고, 때로는 선동가이기도 하다. 경영자는 자신의 직분에 충실하며, 리더로서의 의무를 다하도록 노력해야 한다.

자신감만이 성공을 보장한다

자신감

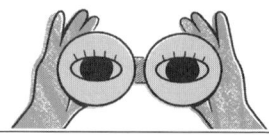

자신감은 자신의 자질과 능력에 대한 신뢰로, 누구에게나 꼭 필요한 심리 자질이다. 성공한 사람의 평전을 보라. 그들은 어려운 상황에서도 자신에 대한 믿음을 잃지 않았다. 자신감은 위기 상황에서 두려움을 이기게 한다.

컴퓨터로 유명한 왕안 박사는 자신의 일생에 가장 큰 영향을 미쳤던 때를 6살로 회고한다. 하루는 그가 밖에서 놀다가 나무 밑을 지나가고 있었다. 머리에 뭔가가 떨어져서 보니 새집이었고, 안에는 어린 참새 한 마리가 있었다. 그는 어린 참새를 키우고 싶어 집에 들고 왔다. 하지만 어머니가 허락하지 않을 것 같아 참새를 문 앞에 두고 들어가 어머니의 허락을 구했다. 어머니 허락이 떨어지자마자 문 밖으로 뛰쳐나왔지만 참새는 보이지 않았다. 대신 검은 고양이 한 마리가 뭔가 미진한 듯이 입맛을 다시고 있었다. 어린 왕안은 그 일로 몹시 슬펐다.

왕안은 그 일에서 교훈을 얻었다. 자신이 생각하기에 맞는 일이라면 자신감을 가져야 한다. 눈치 보거나 망설이지 말고 바로 행동으로 옮겨야 한다. 자신감이 없는 사람은 일을 그르칠 기회도 없고 성공할 기회도 없는 것이다.

어떤 일이라도 당신이 관심을 가지고 자신감으로 무장되어 있다면 그 일은 반드시 이루어진다. 당신이 부자가 될 수 있다고 믿으면 부자가 될 것이고, 지식이 풍부한 사람이 될 수 있다고 믿으면 그렇게 될 것이다. 늘 두려움에 차 있다면 성공은 불가능하다.

로마의 줄리어스 시저가 군대를 이끌고 갈리아에서 해협을 건너 오늘날 잉글랜드에 닿았을 때, 그는 어떻게 군대의 승리를 확신할 수 있었을까? 이유는 간단하다. 군대를 도버 해협의 절벽에 서게 하고 금방 건너왔던 해협에서 불타고 있는 자신들의 선박을 보게 했다. 적국에서 대륙과의 연락은 이미 끊겼고, 철수할 유일한 도구인 배조차 불타 없어지고 만 것이다. 지금 상황에서 유일하게 할 수 있는 일은 전진과 정복밖에 없었다.

자신감을 가지라는 말은 겸손하지 말라는 말이 아니다. 사실 진정한 겸손은 자신감에서 나온다. 자신감이 없는 사람들이 허세를 부리고 함부로 남을 대한다. 허세와 불친절을 통해 불안한 마음을 숨기려는 것이다.

　어떤 일을 성공시킬 자신감이 있다면 굳이 많은 말이 필요치 않다. 자신이 그것을 이뤄낼 것이라고 강력하게 믿기 때문이다. 나중에 성과로 보여주면 되기 때문에 허세도 필요 없다. 겸손을 아는 사람은 이미 성숙한 사람이다.

키포인트

자신감은 성공의 선결 조건이다. 자신감은 금전, 권세보다 더 중요하다. 인생의 믿을 만한 자본이며, 어려움을 극복하게 해주고, 장애를 넘게 해준다.

04

의지는 성공의 디딤돌이다
의지

목표를 세웠으면 목표를 향해 매진을 해야 한다. 시대의 변화, 정치적 파란, 경제의 쇠퇴, 세인들의 편견 등이 곤궁에 빠뜨릴 수 있다. 그러면 원대한 계획이나 이상도 수포로 돌아간다. 불리한 환경을 이겨 낼 수 있는 강한 의지가 있는 사람이 성공의 열매를 거머쥘 수 있다.

강한 의지는 실패나 좌절을 만났을 때 그 진가를 발휘한다. 의지가 강한 사람은 시련이 클수록 더 왕성하게 투지를 불태우며, 목표를 이루기 전에는 포기하지 않겠다는 용기와 도전 정신이 있다.

프랭클린 루즈벨트는 미국 역사상 비전과 실리를 중시한

정치가로 꼽힌다. 루즈벨트가 처음 정계에 입문했을 때 그의 출중한 스타일과 여유만만한 태도는 많은 사람들의 시선을 끌었다. 하지만 진정으로 그를 돋보이게 한 것은 개척 정신과 강인한 의지였다.

1920년 프랭클린 루즈벨트는 대통령 경선에서 낙선한 후 정계를 은퇴할 수밖에 없었다. 은퇴하고 고향에서 휴양하고 있을 무렵 불의의 사고가 발생했다. 수영 중 갑자기 다리에 마비가 왔던 것이다. 정신적·육체적 고통은 전도유망한 한 정치가를 제대로 일어서지도 못하는 장애인으로 만들어 버렸다.

하지만 그의 진취적인 정신과 강한 의지는 병조차도 무색하게 만들었다. 투병 중 그는 독서와 사고를 게을리하지 않았으며, 용감하게 자신의 병과 대면하며 치료를 했다. 루즈벨트에게 이 시련은 자신에 대한 중대한 시험이었다. 시련을 통해 루즈벨트는 가벼운 청년 귀족에서 강한 의지를 가진 사람으로 거듭날 수 있었고, 결국 그는 백악관의 주인이 되었다.

신중함은 중요한 덕목이지만, 때로는 과감한 결단력이 필요하다. 시기를 잘 파악해야 하며, 시기가 성숙했다는 판단이 서면 바로 행동에 옮겨야 한다. 물론 실행하고 난 후 상황이 변했거나 자신의 실책이 발견되면 전략을 바꿀 줄도 알아야 한다.

성공을 하려면 명석한 두뇌와 민첩한 반응과 굳건한 신념만으로는 부족하다. 상황 판단을 한 후 신속한 결단을 내리는 결단력이 필요하다.

처칠은 영국이 독일 침공의 위기에 놓여 있을 때 전쟁에 대한 객관적 분석을 했다. 그는 앞으로의 정세를 예견하며 소련과는 숙적에서 혈맹으로 바뀌어야 한다고 주장했다. 또한 미국과 소련뿐 아니라 다른 동맹자들을 만드는 것이 필요하다고 역설하며, "영국은 히틀러와 나치 제도를 척결하고, 소련과 소련 인민에게 원조를 아끼지 않을 것이다"라고 선포했다.

아이젠하워는 처칠의 과감한 전략을 경탄해 마지않았다.

"처칠에게 세계는 현자의 운동장과 같다. 그는 긴박한 현실의 문제들도 고민하지만, 참전국들이 전후에 끼칠 작용도 고려한다. 그는 전 세계 인민들의 역사적 운명까지 설계하는 것이다."

의지는 목표를 정했으면 흔들리지 않고 끝까지 매진하는 품성을 말한다. 맥도널드의 창시자 레이 크록의 사무실에는 '끝까지 노력하자'라는 좌우명이 걸려 있고, 다음과 같은 글귀도 적혀 있다.

'어떠한 것도 의지가 있는 사람을 대신할 수 없다. 천재라고 하더라도 의지가 있는 사람을 대신할 수 없다. 의지와 결심이 있으면 세상에 못할 것이 없다.'

사람들은 하나의 목표를 달성하고 나면 느슨해지기 쉽다. 그래서는 오늘의 성공을 내일의 성공으로 이어가지 못한다. 하나의 목표가 달성되었으면 새로운 목표를 설정하여야 한다. 끊임없이 새로운 고지를 향해 등반할 수 있어야 한다.

키포인트

의지력은 경영자의 내면 속에 담고 있기도 하지만, 완강함과 결단력이라는 자질로 실제 경영에서 드러난다.

낙관만이 곤경에서 벗어나게 한다
낙관

가장 절망적인 상황은 절망 속에 빠져 있는 것이다. 낙관적인 사람은 곤경 속에서도 무력감에 빠지거나 낙심하지 않는다. 낙관을 통해 자신의 신념을 고수한다.

토마스 에디슨의 일화는 우리에게 많은 교훈을 준다. 에디슨은 전구를 발명하는 과정에서 무려 9,999번이나 실패를 했다. 전구 발명에 성공한 후 어떤 기자가 물었다.

"그 많은 실패를 어떻게 이겨 냈습니까?"

"실패라니요, 나는 한 번도 실패한 적이 없습니다. 단지 전구를 만들지 못하는 방법을 발견한 것뿐이에요."

비관적인 사람들은 어떤 목표를 달성하지 못하면 끊임없이 자신에 대해 회의하고 자신을 비난한다. 반면 낙관적인 사람은 어려움에 처해서도 긍정적인 태도를 견지하며, 노력을 통해 문제를 해결하고자 한다. 비관적인 사람들이 자기비하의 늪에 빠져 있을 때, 낙관적인 사람들은 자신을 격려하고 목표를 실현시키기 위한 방법들을 다각도로 찾는다.

매트 비욘디는 미국의 유명한 수영 선수다. 1988년 서울 올림픽에 참가할 당시, 사람들은 그를 1972년의 마크 스피츠의 뒤를 이을 유망주로 보았다. 매트는 200m 자유형 경기에서 3위에 그쳤고, 100m 접영에서는 내내 선두로 있다가 마지막에 역전을 당했다. 언론과 해설가들은 연이은 저조한 성적으로 인해 매트의 사기가 떨어졌을 거라며 금메달 획득에 회의적인 시선을 보냈다. 그러나 매트는 이후 벌어진 다섯 경기 모두에서 금메달을 획득해 사람들을 놀라게 했다.

모두들 매트의 성적에 비관적일 때, 긍정 심리학의 창시자인 마틴 셀리그만 교수만은 긍정적 전망을 잃지 않았다. 매트가 다섯 개의 금메달을 땄을 때도 마틴 셀리그만은 놀라지 않았다. 그는 이전에 '낙천성이 경기에 미치는 영향'이라는 주제로 매트에게 실험을 한 적이 있었다. 매트가 경기를 치르게 한후 감독이 경기 내용이 부진하다고 매트를 비판하게 했다. 다시 경기를 치르자 매트는 뛰어난 기량을 발휘했다. 반면 다른 참가자들은 비판을 듣고 난 후 치러진 경기에서 부진한 성적을 거두었다.

성공한 사람들은 뜨거운 에너지로 가득 차 있고 즐거운 기운이 넘친다. 그들은 낙관적이고, 적극적이고, 진취적이다. 그들이 내뿜는 기운은 마치 자석처럼 주위 사람들에게 강한 영향력을 행사한다.

미국의 에이브러햄 링컨은 많은 실패를 경험했다. 사업도 뜻대로 되지 않았고, 상하원 선거에서도, 부통령 선거에서도 낙선했다. 링컨이 낙선을 실패로 받아들였다면 대통령이 될 수 있었을까?

만약 어떤 일의 결과가 기대에 미치지 못했다면 실패의 경험에서 교훈을 찾을 수 있어야 한다. 실패한 사람은 실패를 믿지만, 성공한 사람은 실패의 존재 자체를 믿지 않는다.

키포인트

낙관적인 경영자는 일에 대해 자신감으로 가득 차 있고 좌절에도 굴복하지 않는다. 낙천성은 경영자가 필수적으로 갖추어야 할 심리 자질이다.

사람의 행동심리를
제대로 읽는 레시피 6

어떻게 높은 성과를 올릴 것인가

목표는 조직 구성원에게 동기 부여를 하고 실적을 높일 수 있는 중요한 요소다. 테일러는 《과학 관리 원리》라는 책에서 어떻게 구체적인 목표를 설정하고 높은 실적을 올리게 할 수 있는지를 탐구했다. 노동자에게 정해진 시간을 주고 정해진 노동량을 할당한다면, 그는 자신과 고용주가 만족할 만한 결과를 올릴 것이다. 미국의 행위 과학자 로크는 1968년에 목표 이론을 발표했다.

목표 설정 이론의 원칙

목표는 효과적으로 조직 구성원들의 행위에 영향을 미친다. 목표 설정을 하려면 다섯 가지 원칙을 따라야 한다.

1. 목표는 구체적이어야 한다

구체적인 목표는 추상적이고 막연한 목표보다 동기를 유발시켜 성과를 올릴 수 있게 한다. 매시간, 매일, 매월 완성해야 할 생산량과 품질의 구체적인 표준을 정하면 '열심히 일해라'는 모호한 구호보다 훨씬 더 설득력이 있다.

2. 목표는 난이도가 적당해야 한다

목표가 달성하기에 지나치게 어렵다면 좌절감을 느끼거나 자신감을 상실한다. 이런 경우 쉬운 목표보다 성과가 더 낮을 수도 있다. 목표 난이도에 대한 인식은 자기능력에 대한 평가, 업무의 성질, 혹은 이전에 업무를 했던 경험 등에 영향을 받는다. 따라서 목표를 설정할 때는 개인의 차이를 고려하여야 한다.

3. 목표는 받아들일 수 있는 것이어야 한다

목표는 개인이 정하는 것이지만, 조직이나 상급자가 목표를 제기하는 경우가 많다. 개인이 목표를 받아들여야 하며, 개인이 목표를 설정했을 때는 개인 목표로 전화시켜주는 것이 좋다. 강제로 주어진 목표와 자신이 자각해서 받아들인 목표는 업무 수행에 다른 영향을 끼친다. 자신이 자각해서 받아들인 목표일 때 동기 부여는 최대화가 되며, 업무에 적극성을 보인다.

4. 목표를 수행할 때 객관적인 피드백이 있어야 한다

목표 수행 중 객관적인 피드백은 어떠한 피드백도 없는 것보다 더 동기 유발을 할 수 있다. 피드백을 통해 설정한 목표와 실제 진행과의 차이를 알 수 있어서 앞으로의 목표 달성에 더 유리하다.

피드백을 할 때는 긍정적인 것이 좋다. 보통 긍정적인 피드백이 더 효과가 크다. 또 구체적인 피드백이 추상적인 피드백보다 더 효과가 크다. 피드백을 받아들이는 개인의 차이에도 신경을 써야 한다.

5. 목표 설정에 참여했을 때 효과가 더 크다

목표 설정에 참여했을 때 자신에 대한 조직의 기대를 더 명확히 이해할 수 있다. 목표를 더 정확하게 이해하므로 목표 달성 가능성이 높아진다. 자신이 목표 설정에 참여하면 다른 사람이 목표 설정을 해준 것보다 난이도가 높은 목표를 설정할 수가 있으며, 보다 높은 성과를 올릴 수 있다.

목표 설정 이론이 관리에 대하여 가지는 의의

관리자는 직원들이 구체적이고 적당한 난이도를 가진 목표를 설정하도록 돕고, 직원들이 자신의 목표를 인정하고 내재화시키도록 해야 한다. 하지만 관리의 과정에서 구체적인 문제가 발생할 수도 있다.

구체적인 언어로 목표를 설정하는 것, 목표를 측정할 수 있는 가장 효과적인 방법을 찾는 것은 아주 중요하다. 그렇다고 구체적이고 가시적인 결과에 너무 급급해서 업무의 핵심을 놓치거나, 책임감 같은 추상적인 요소들을 간과해서는 안 된다. 또한 실적 위주의 잣대를 가지고 목표 설정을 측정해서는 안 되며, 항상 원칙을 견지해야 한다.

직원이 목표를 더 잘 받아들이게 하려면 목표 설정 과정에 참여시켜야 한다고 주장하는 사람이 있다. 목표 설정에 직원이 참여하게 되면 다소 어려운 목표라도 받아들일 수 있는 장점이 있다. 직원들은 자신이 직접 참여하고 선택하였기 때문에 더 많이 집중하게 되고, 목표를 실행시키기 위한 적극적인 행동들을 취하게 된다. 하지만 참여가 직원들에게 강한 의무감으로 작용하거나 통제하는 경향을 띠면 관리자가 정한 목표 설정 방식보다 효율이 떨어질 가능성이 있다.

목표 관리 제도는 다음과 같은 장점을 가지고 있다. 구체적이고 도전적인 목표를 정함으로써 직원들의 동기를 유발할 수 있고 업무 실적을 향상시킬 수 있다. 계량화되고 수치화된 목표이기 때문에 결과를 토대로 직원들을 평가하는 것이 가능하다. 목표 수행 과정에서 직원들은 자신이 무엇을 해야 하며, 좋은 평가를 받으려면 어떻게 해야 하는지 알고 있다.

반대로 목표 관리 제도가 결과를 지나치게 강조하여 목표에 도달하기까지의 과정을 소홀히 하는 단점도 있다. 직원 개개인 모두 자신만의 목표가 있기 때문에 상호의 효과적인 비교가 불가능하다는 점, 관리자가 목표 관리 제도에 대한 훈련이 되어 있지 않으면 목표 설정과 집행에 효과적인 지도를 할 수가 없는 등의 단점이 있다.

바른 목표 설정은 성공의 원동력이다

목표 설정과 관련된 중요한 8가지 사항

❶ 목표를 써라. 두 가지 목적이 있다. 첫째, 자신의 목표에 대해 사고할 수 있다. 둘째, 목표를 행동의 방향이나 행동 판단의 기준으로 삼을 수 있다.

❷ 목표는 도전성이 있으며 도달할 수 있는 것이어야 한다. 너무 쉬우면 성취감이 없어지고, 너무 어려우면 실현 불가능하다. 선택한 목표는 노력을 해야 도달할 수 있는 것이 좋다. 이런 목표만이 당신의 성장에 도움이 된다.

❸ 목표를 통일시켜라. 서로 충돌하는 분산된 목표를 정하지 마라.

❹ 목표를 구체화하라. 가능하다면 목표를 수량화시켜라, 생산 경비 절감 7%, 판매 증가 9%처럼 말이다.

❺ 진도에 따른 시간을 정하라.

❻ 목표의 경중과 완급을 조정하라. 어느 것을 먼저, 어느 것을 나중에 수행할 것인지 등을 정하라.

❼ 정기적으로 목표를 검사하고 수정하라. 목표가 이루어지면 항목에서 지워 나가라. 수정이 필요한 목표도 있을 것이고, 첨가시켜야 할 목표도 있을 것이다. 그래야만 수행해야 할 목표에 시종일관 에너지를 집중시킬 수 있다.

❽ 자신에게 상을 주라. 자신이 어떤 목표를 완성할 때마다 자신을 격려하라. 자신을 위해 한 끼의 근사한 식사를 한다든지, 멋진 옷을 사는 것도 좋다. 당신의 직원이 일을 잘했다면 즉시 상을 주라.

목표는 무엇을 해야 하며 거기에 대해 얼마만큼의 노력을 기울여야 하는지 직원들에게 알려준다. 하지만 목표 설정 자체가 직원들에게 높은 동기 유발 효과를 보장해주지는 않는다.

사소한 행동 하나가 결정적인 변화를 만들어내는 행동심리학

그래서 지금 행동심리학이 필요합니다

초판 1쇄 인쇄 2025년 11월 25일
초판 1쇄 발행 2025년 11월 30일

지은이 무즈
옮긴이 조혜란
펴낸이 박세현
펴낸곳 팬덤북스

기획 편집 곽병완
디자인 김민주
마케팅 전창열
SNS 홍보 신현아

주소 (우)14557 경기도 부천시 조미로 385번길 92 부천테크노밸리유1센터 1110호

전화 070-8821-4312 | **팩스** 02-6008-4318
이메일 fandombooks@naver.com
블로그 http://blog.naver.com/fandombooks

출판등록 2009년 7월 9일(제386-251002009000081호)

ISBN 979-11-6169-373-6 03320